ABITUR-WISSEN POLITIK

Manfred Bormann

Internationale Beziehungen

STARK

ISBN 978-3-89449-425-4

D-85318 Freising · Postfach 1852 · Tel. (08161) 1790
aktualisierte Auflage 2007

Inhalt

Autor: Dr. Manfred Bormann

Vorwort

Liebe Schülerinnen und Schüler,

50 Jahre NATO, 40 Jahre deutsche Teilung, Kalter Krieg, 1990 dann die Wiedervereinigung; in Westeuropa herrschen inzwischen seit 50 Jahren Frieden und Wohlstand, aber Krisen und Kriege scheinbar überall auf der Erde, allein in den 90er-Jahren schon drei Kriege auf dem Balkan.

All dies erscheint auf den ersten Blick kompliziert, manchmal undurchschaubar. Der vorliegende Band *Internationale Beziehungen* aus der Reihe *Abitur-Wissen Politik* möchte Ihnen ein kleiner Leitfaden durch den „Dschungel“ der internationalen Politik sein. Das systematisch aufgebaute Buch stellt Entwicklungen, Probleme und Strukturen der internationalen Politik nach dem Zweiten Weltkrieg bis zum Beginn des 21. Jahrhunderts übersichtlich dar. Dabei werden sowohl regionale als auch weltweite Aspekte des Themas nachgezeichnet und verständlich erläutert. Ein eigenes Kapitel behandelt schließlich Ziele, Methoden und Bestimmungsfaktoren der Außen- und internationalen Politik.

Zahlreiche Bilder, Grafiken und Karikaturen unterstützen die Ausführungen und erleichtern Ihnen die gezielte Vorbereitung auf Unterricht, Klausuren und Abitur.

Für Hinweise und Hilfen bei der Abfassung des Manuskriptes bedanke ich mich bei meiner Frau, Sigrid Bormann.

Manfred Bormann

Internationale Politik zwischen 1945 und 1989 – Die Welt im Zeichen des Ost-West-Gegensatzes

Die Herausbildung des Ost-West-Gegensatzes

Die drei entscheidenden Siegermächte des Zweiten Weltkrieges, Großbritannien, die Sowjetunion und die USA agierten solange zusammen, wie es die Gegebenheiten des Krieges erforderten. Die gemeinsamen Feinde Deutschland und Japan bewirkten bis 1945 einen engen Schulterschluss der Alliierten. Hierbei arbeiteten Staaten mit politischen, gesellschaftlichen und ökonomischen Systemen zusammen, die im Prinzip gegensätzlicher kaum sein konnten:

- **Im Westen die Großmacht USA:** Seit 1776 eine präsidiale Demokratie, deren Territorium seitdem nie von einer fremden Macht erobert worden war; ökonomisch trotz der Kriegsanstrengungen stärker und robuster als die anderen Siegermächte zusammen; überzeugt, dass ihr individualistisches Gesellschaftssystem mit dem Kapitalismus als ökonomischer Basis allen anderen Systemen überlegen sei; außenpolitisch handelnd nach der ideologischen Maxime, nun müsse die Welt, anders als nach dem Ersten Weltkrieg, für ihre Form von Demokratie sicher gemacht werden; nach den Anstrengungen zweier Weltkriege entschlossen, ihre Erfolge nicht mehr aufzugeben (im Gegensatz zum Isolationismus nach dem Ersten Weltkrieg).
- **Im Osten die Großmacht „Union der Sozialistischen Sowjetrepubliken“** (UdSSR, Sowjetunion/SU): Eine auf den Prinzipien des Marxismus/Leninismus/Stalinismus basierende „Volksdemokratie“, deren Herrschaftsordnung im Prinzip so organisiert war, dass die Kommunistische Partei der Sowjetunion (KPdSU) eine unumschränkte diktatorische Macht ausübte, die in der absoluten Machtfülle des Parteichefs Josef Stalin kulminierte. Ökonomisch und gesellschaftlich verkörperte sie ein antiindividualistisch und kollektivistisch ausgerichtetes Modell, mit dem Staat als Hauptorganisator (und Eigentümer) der wesentlichen sozialen und ökonomischen Bereiche. Zum einen war die UdSSR erfüllt von der „Mission“, dieses Gesellschaftsmodell nicht nur auf das Erreichte zu beschränken, sondern zu expandieren. Zum anderen war sie davon überzeugt, dass die UdSSR als das Kernland des neuen Herrschaftsbereichs ihren erreichten Einfluss nie wieder aufgeben dürfe – anders als nach dem Ersten Weltkrieg, als Russland territorial nach Osten zurückgedrängt wurde.

Die Bestrebungen, Diskussionen, Konferenzen und die sich herausbildenden globalen und regionalen Bündnisse lassen sich ohne diesen Hintergrund nicht erklären. Die großen Konferenzen der Siegermächte (Teheran 1943, Jalta/Krim, UdSSR Februar 1945, Potsdam Juli/August 1945) betrafen insbesondere das Schicksal Deutschlands nach dem Sieg über das Hitler-Regime, legten jedoch auch den Grundstein für die spätere scharfe Trennung der Welt in einen West- und einen Ostblock.

Die **Potsdamer Konferenz** besiegelte die Aufteilung Deutschlands und Österreichs in vier Zonen sowie Berlins und Wiens in vier Sektoren, obwohl eine im Prinzip gesamtstaatliche Verwaltung beabsichtigt war. Auch die anderen Staaten Europas bzw. der Welt sollten sich grundsätzlich in diese West-Ost-Aufteilung einfügen:

- **Europa:** Alle Staaten bzw. Territorien westlich von Schweden, der Elbe und der Adria sowie Griechenland und die Türkei gehörten zum Einflussbereich der USA; alle Gebiete östlich davon zum Einflussbereich der UdSSR; nur Schweden, Finnland und die Schweiz galten als neutral.
- **Amerika:** Alle Staaten verblieben, wie seit Jahrzehnten, in der Sphäre der USA. Sie werden manchmal auch als der „Hinterhof" der USA bezeichnet.
- **Afrika:** Die meisten Territorien waren weiterhin Kolonien von Staaten, die zum „Westen" gehörten.
- **Asien:** Zwischen 1945 und 1949 verringerte sich der westliche Einfluss deutlich, da sich Pakistan und Indien 1947 aus dem britischen Kolonialreich lösten und fortan eine neutrale, z. T. prosowjetische Politik betrieben. Gleiches galt für das 1949 unabhängig gewordene Indonesien. Schließlich erlangten die Kommunisten unter ihrem Führer Mao Tse-tung 1949 die Macht in China. Nur Taiwan blieb als abgespaltener Teil Chinas prowestlich.

Innerhalb der „Blöcke" entwickelten sich teilweise beträchtliche Widerstände gegen diese „weltpolitische Einordnung". In Europas Osten dauerte es vereinzelt bis 1948, um den totalen sowjetischen Herrschaftsanspruch durchzusetzen. In Polen wurden Wahlen manipuliert und auch in der Tschechoslowakei kam es im Februar 1948 quasi zu einem Staatsstreich durch die Kommunisten. Nur dem jugoslawischen Marschall und späteren Staatspräsidenten Tito gelang es, seinen Staat aus der direkten Kontrolle der UdSSR herauszuhalten.

Die UdSSR versuchte jenseits der in Jalta und Potsdam fixierten Grenzen ihres Einflussbereichs in Griechenland, der Türkei und im Iran den Westen durch die kommunistischen Parteien zurückzudrängen. Für ihr Ziel initiierten diese Parteien auch Bürgerkriege. Doch diese Versuche scheiterten. Auch den starken kommunistischen Parteien Frankreichs und Italiens blieb es versagt, die grundlegende Richtung der Politik dieser Staaten zu ändern.

Die sowjetischen Expansionsbestrebungen begannen bald nach dem Ende des Zweiten Weltkrieges den Westen zu beunruhigen und man erwog Gegenmaßnahmen. Als erster westlicher Politiker äußerte der britische Premier Winston Churchill schon im Mai 1945, dass Europa durch einen „Eisernen Vorhang" geteilt werde und man nicht mehr wisse, was dahinter geschehe.

In den USA war man zunächst überzeugt, seine Mission in Europa und Asien erfüllt zu haben. Deshalb wurde die Zahl der Truppen in Europa relativ schnell reduziert. 1946 standen in Europa nur noch ca. 400 000 amerikanischen über vier Millionen Soldaten der Roten Armee gegenüber. Zwar besaßen die USA als einzige Macht die Atombombe, aber auch sie konnte das immer stärkere Ungleichgewicht der militärischen Kräfte in Europa nicht ausgleichen. Die west- und mitteleuropäischen Staaten konnten den sowjetischen Expansionsbestrebungen bald nicht mehr standhalten. Die US-Regierung revidierte deshalb 1946 ihre Politik gegenüber der UdSSR. Diesen Wandel repräsentierten vor allem der ehemalige US-Botschafter in Moskau, George Kennan, US-Außenminister George Marshall und US-Präsident Harry Truman. Ihre Politik gegenüber der UdSSR erlangte den Charakter der **Eindämmung** („**containment**") der sowjetischen Expansion. Dies geschah sowohl auf einer politisch-ideologischen als auch auf einer wirtschaftlichen und militärischen Ebene:

- Politisch-ideologisch boten die USA 1947 mit der **Truman-Doktrin** allen Völkern und Staaten ihre Unterstützung im Kampf um Demokratie und Freiheit nach innen und außen an, wobei Trumans Politik wegen der kommunistischen Aufstände konkret auf Griechenland und die Türkei abzielte. Auch ideologisch wurde seit dieser Wende versucht, durch publizistischen Aufwand die negativen Seiten des Kommunismus und die positiven der westlichen Demokratie herauszustellen.
- Im Zentrum der Wirtschaftspolitik stand der „**Marshall-Plan**", ein wirtschaftliches Wiederaufbauprogramm für Europa („European Recovery Program: ERP), das der US-Außenminister 1947 für ganz Europa vorschlug. Die UdSSR verbot den unter ihrem Einfluss stehenden Staaten, dieses Angebot anzunehmen. Somit kamen nur die westeuropäischen Staaten und Westdeutschland in den Genuss dieser Hilfe. Bis 1952 belief sich der Umfang der ERP-Mittel auf ca. 13 Milliarden Dollar (1,58 Milliarden für Westdeutschland). Diese Gelder trugen wesentlich zur schnellen Entwicklung der Volkswirtschaften Westeuropas, besonders Westdeutschlands bei.
- In militärischer Hinsicht stoppten die USA die Reduktion ihrer Truppen in Europa und bereiteten aktiv den immer engeren militärischen Zusammenschluss der Staaten Westeuropas und Nordamerikas vor.

Auf einem Propagandaplakat in der Ostzone wird US-Präsident Truman als Kriegstreiber diffamiert.

Die Sowjetunion reagierte scharf auf die neue Politik der USA, die sog. **„Zwei-Lager-Theorie"** wurde formuliert, nach der der größte Teil der Staaten der Erde sich zwei unversöhnlich gegenüberstehenden politisch-ökonomischen Lagern zuordnen ließe: Auf der einen Seite das von den USA angeführte „imperialistische und antidemokratische" Lager und auf der anderen das „antiimperialistische und demokratische" Lager unter Führung der Sowjetunion. Die USA und ihre Verbündeten seien gemäß dieser Theorie bestrebt, einen aggressiven Block zu organisieren, mit dessen Hilfe sie die UdSSR besser bekämpfen könnten. Aus diesem Grund sei es nun die Pflicht der „demokratisch" regierten Staaten, Demokratie und Kommunismus zu verteidigen, den Imperialismus und Faschismus aber zu bekämpfen.

Hierbei ist anzumerken, dass im Sinne des Marxismus-Leninismus der Imperialismus automatisch aus dem Kapitalismus und seinen Expansionsbestrebungen erwächst. Demokratisch regierte Staaten sind nach diesem Verständnis nicht die westlichen Staaten. Deren System ist „scheindemokratisch", weil dort nach kommunistischer Meinung in Wirklichkeit die Kapitalisten regieren. Wahrhaft demokratisch, volksdemokratisch, sind hingegen die kommunistisch regierten Staaten, da hier die Macht der Kapitalisten gebrochen ist, die Wirtschaft dem Volk gehört und die kommunistischen Parteien den Volkswillen besser als jedes westliche Parlament vertreten.

Somit ergab sich die Ausgangskonstellation für den beginnenden Ost-West-Konflikt, den sogenannten **„Kalten Krieg":** Die Truman-Doktrin der USA und die Zwei-Lager-Theorie der UdSSR. Beide Seiten wurden Ende der 40er-Jahre auch institutionell zu zwei Blöcken mit fest gefügten Organisationen. Dies geschah wirtschaftlich und militärisch-politisch. Der Westen organisierte sich über die **Leitwährung US-Dollar**, das **GATT** und die **NATO**, der Osten über den **RGW** (Comecon) und den **Warschauer Pakt**.

Die Zerstörungen und Belastungen als Folge des Zweiten Weltkrieges bewirkten, dass nahezu sämtliche Währungen der europäischen Länder an Wert und Bedeutung verloren. Nur die USA blieben auch in diesem Bereich die einzige handlungsfähige Großmacht. Folglich wurde der US-Dollar nach 1945 für alle Staaten außerhalb des Einflussbereichs der UdSSR zur entscheidenden Leitwährung. Die Bemessung von Handels- und Wirtschaftsbeziehungen orientierte sich viele Jahrzehnte überwiegend am US-Dollar.

Die führende Rolle des US-Dollars wurde 1944 bei einer Konferenz in Bretton Woods auch vertraglich festgelegt. Die Konferenz befasste sich mit den Möglichkeiten des wirtschaftlichen Wiederaufbaus nach dem Zweiten Weltkrieg. Dazu wurden in Washington zwei internationale Organisationen gegründet: Die **Weltbank** und der **Internationale Währungsfonds** (IWF). Die Währungen der einzelnen Staaten wurden in feste Austauschverhältnisse zum US-Dollar gebracht, die den USA über günstige Wechselkurse bis in die 70er-Jahre teilweise deutliche Vorteile brachten.

1947 kam als weiterer wichtiger Schritt das Welthandelssystem **GATT** (General Agreement on Tariffs und Trade: Allgemeines Zoll- und Handelsabkommen) hinzu, mit dessen Hilfe Zoll- und andere Handelshemmnisse beseitigt werden sollten. Weltbank, IWF and GATT garantierten mehrere Jahrzehnte eine stabile Wirtschaftsordnung, die die wirtschaftlichen Turbulenzen der Zwischenkriegszeit vermeiden half. Die UdSSR und ihre Verbündeten beteiligten sich allerdings nicht an diesen drei Organisationen.

Die militärische Organisation des Westens erfolgte über die am 4. April 1949 gegründete **NATO** (North Atlantic Treaty Organisation). Ihr gehörten zunächst zwölf Staaten an: Belgien, Dänemark, Frankreich, Großbritannien, Island, Italien, Kanada, Luxemburg, die Niederlande, Norwegen, Portugal und die USA. 1952 folgten Griechenland und die Türkei, 1955 die Bundesrepublik Deutschland und 1986 schließlich Spanien. In diesem Verteidigungspakt mit Sitz in Brüssel verpflichteten sich alle Teilnehmer dazu, jeden Angriff auf einen Mitgliedsstaat auch als Angriff gegen sich selbst zu betrachten.

Die **Sowjetunion**, die die von ihr beherrschten Staaten Mittel- und Osteuropas bereits bald nach 1945 vollständig in ihr politisches, ökonomisches und militärisches System integriert hatte, vollzog die formelle Errichtung eines Bündnissystems im östlichen Europa erst 1955. Damit konnte sie lange Zeit propagandistisch herausstellen, dass die Teilung Europas und der Welt in zwei Blöcke nicht von ihr ausgegangen sei. Der Westen habe damit begonnen.

Wenige Tage nach dem NATO-Beitritt der Bundesrepublik Deutschland wurde durch den **Warschauer Vertrag** die östliche Militärorganisation begründet. Beteiligt waren Albanien, Bulgarien, die DDR, Polen, die Tschechoslowakei, Rumänien, Ungarn und die UdSSR. Bereits 1944 war im Rahmen der Organisation **„Rat für Gegenseitige Wirtschaftshilfe“** (RGW; engl. Comecon: Council for Mutual Economic Aid) der wirtschaftliche Zusammenschluss dieser Länder erfolgt, dem die DDR erst ab 1955 angehörte. In diesen Staaten sollte der russische Rubel als Leitwährung fungieren.

Mit den genannten Institutionen wurde der Ost-West-Gegensatz deutlich gefestigt und blieb bis Ende 1989 bestehen. Dabei bestand 1945 vielfach die Hoffnung, die Staaten und Völker der Welt besser zusammenzuführen als nach dem Ersten Weltkrieg. Ein gutes Zeichen dafür schien 1945 die Gründung der **Vereinten Nationen** (UNO: United Nations Organisation) in San Francisco zu sein. 50 Staaten beteiligten sich daran, darunter die Großmächte USA, UdSSR und China. Es bestand der Wille, aus der UNO eine handlungsfähigere Organisation zu entwickeln, als dies bei ihrer Vorgängerin, dem 1919 gegründeten Völkerbund, der Fall war.

Doch der beginnende Ost-West-Konflikt lähmte die UNO vielfach. Dies äußerte sich am deutlichsten bei Abstimmungen im **Sicherheitsrat** der UNO, dem wichtigsten Entscheidungsorgan, wenn es um die Regelung internationaler Konflikte ging. In diesem Gremium haben die USA, Frankreich, Großbritannien, die UdSSR (heute Russland) und China einen ständigen Sitz mit dem Recht, ein **Veto** gegen Beschlüsse einzulegen. Besonders die UdSSR verhinderte damit viele Aktionen der UNO, weil sie ihre Interessen gefährdet sah.

Die Teilung Deutschlands

Die militärische Niederlage Deutschlands und die Kapitulation am 8. Mai 1945 schufen für Deutschland grundlegend neue Existenzbedingungen. Die Niederlage war so vernichtend, dass Deutschland als Subjekt und wenigstens teilweise autonom agierender Staat völlig verschwand. Die **Potsdamer Konferenz** vom 17. 7. bis 2. 8. 1945 besiegelte dieses Ergebnis. Dort teilten Stalin für die UdSSR, Truman für die USA und Churchill (später Attlee) für Großbritannien Deutschland mit dem Ziel der **Dezentralisierung** in drei – später mit Frankreich in vier – Besatzungszonen auf. Ebenso verfuhr man mit Österreich sowie den jeweiligen Hauptstädten Berlin und Wien. Weiterhin wurden **Entnazifizierung** und **Demilitarisierung** eingeleitet und es begannen – besonders in der Sowjetzone – die **Demontage** von Industrieanlagen sowie die **Enteignung** von großen Gütern und Fabriken. Ein weiteres wichtiges Ziel der Alliierten war die allmähliche **Demokratisierung** der Deutschen. Es existierte keine deutsche Regierung mehr und das politische Leben Deutschlands hing zunächst von den Genehmigungen der Siegermächte ab.

Bald jedoch begannen die Deutschen im Rahmen ihrer Zonen politisch, kulturell und wirtschaftlich wieder aktiv zu werden. Es bildeten sich erste Parteien, Gewerkschaften und Unternehmerverbände. Kommunal- und Landtagswahlen – in den teilweise neu gebildeten Ländern – begründeten eine beginnende demokratische Ordnung. In der Sowjetzone verliefen diese Bestrebungen jedoch zunehmend einseitig im Sinne der Errichtung einer Staats- und Gesellschaftsordnung nach sowjetischem Vorbild.

Schließlich zeigte sich, dass spätestens ab 1946 die Teile Deutschlands in den Sog des beginnenden **„Kalten Krieges“** gezogen wurden. An eine einheitliche Verwaltung und Entwicklung Deutschlands durch die vier Siegermächte glaubten bald nur noch wenige. Deshalb entschlossen sich die USA und Großbritannien, im Lauf des Jahres 1946 ihre Zonen in die Entwicklung des westlichen Europas mit einzubeziehen. Schließlich sollten die (West-)Deutschen wieder in die Lage versetzt werden, sich selbst zu versorgen und später einen Beitrag zur Sicherung des westlichen Europas zu leisten. Ähnlich dachte und verfuhr auch die UdSSR mit ihrer Besatzungszone.

Am 1. Januar 1947 entstand aus der amerikanischen und britischen Zone die **Bizone**, mit zentralen, von Deutschen geleiteten Behörden, die besonders für die Wirtschaft zuständig waren. Am 1. April 1949 wurde die Bizone um die französische Zone zur **Trizone** erweitert. Dieses Gebiet wurde in die Marshall-Plan-Hilfe einbezogen. Zur wirtschaftlichen Gesundung verhalf vor allem die **Währungsreform** im Juni 1948, durch die die Westdeutschen und Westberliner eine stabile Währung erhielten. Diese Maßnahme bedeutete die faktische wirtschaftliche Spaltung Deutschlands und Berlins. Die Sowjetunion reagierte darauf mit einer totalen Blockade (West-)Berlins (1948/49), sodass die Stadt nur auf dem Luftweg versorgt werden konnte.

Kinder bejubeln während der Berlinblockade in den Jahren 1948/49 die Ankunft eines „Rosinenbombers“.

Im Juli 1948 forderten die drei Westmächte die (west-)deutschen Länder auf, über einen „**Parlamentarischen Rat**" eine Verfassung für das Gebiet der Trizone auszuarbeiten. Als Ergebnis wurde am 23. Mai 1949 **das Grundgesetz für die Bundesrepublik Deutschland** verkündet (zugleich Gründungsdatum der Bundesrepublik Deutschland). Die Sowjetunion ließ daraufhin durch das Scheinparlament der Sowjetzone am 7. Oktober 1949 die **Deutsche Demokratische Republik** ausrufen. Damit existierten vier Jahre nach Kriegsende zwei deutsche Staaten, deren Kompetenz und Souveränität zunächst noch sehr begrenzt blieb und vor allem innenpolitische Aspekte umfasste. Der innere Ausbau erfolgte nach den Grundmodellen der jeweiligen Führungsmächte: Demokratisch und marktwirtschaftlich in Westdeutschland, kommunistisch und planwirtschaftlich in der DDR. So war Deutschland, durch seine Teilung und seine unterschiedlichen politischen und ökonomischen Strukturen vollends in die Ost-West-Konfrontation einbezogen. Die Trennungslinie zwischen beiden Blöcken verlief mitten durch Deutschland.

Das System der Bipolarität zwischen Hochrüstung, Krisen, Kriegen und Entspannungsversuchen

Die beginnenden 50er-Jahre bildeten einen ersten Höhepunkt in den Spannungen zwischen den westlichen und östlichen Staaten. Zunehmend entfaltete sich die internationale Politik als ein System der **Bipolarität**, eine Ordnung, die von zwei Gravitationszentren ausging, nämlich von den USA und der Sowjetunion mit ihren jeweiligen Verbündeten. Diese Bipolarität drückte sich besonders dadurch aus, dass beide Gruppierungen durch militärische und wirtschaftliche Verträge enger zusammenwuchsen. Im militärischen Bereich wurden dies die westlichen Bündnisse **NATO** und **WEU**, im Osten der **Warschauer Vertrag**. Als wirtschaftliche Verbindungen erlangten die **EWG** und der **RGW** Bedeutung.

Seit Gründung der NATO bestand eine Dominanz der USA. Diese lag in der gewaltigen wirtschaftlichen, politischen, militärischen und wissenschaftlich-technischen Potenz der USA begründet, besonders im Vergleich zu den kriegszerstörten, kleineren und politisch zersplitterten europäischen Staaten, die teilweise erst mithilfe der USA aufgebaut werden mussten. Aufgrund gemeinsamer politischer und kultureller Werte wie Demokratie und der Einigung auf die Menschenrechte sowie ähnlicher Wirtschaftssysteme empfanden die meisten Westeuropäer das Übergewicht der USA aber nicht als Unterdrückung, sicherte es ihnen doch Freiheit und wirtschaftlichen Wohlstand.

Der europäische Pfeiler der NATO wurde die **Westeuropäische Union** (WEU). Dieses Verteidigungsbündnis westeuropäischer Staaten richtete sich zunächst gegen ein mögliches militärisches Wiedererstarken Deutschlands und verlor erst in den 50er-Jahren seinen antideutschen Charakterzug. Die Keimzelle der WEU bildete 1947 der Vertrag von Dünkirchen zwischen Frankreich und Großbritannien, erweitert zum **Brüsseler Pakt** von 1948, mit dem die drei Beneluxstaaten den Dünkirchener Vertrag ergänzten. Neben der möglichen Abwehr einer deutschen Aggression verpflichteten sich die beteiligten Staaten dazu, Demokratie und Freiheit sowie ihre territoriale Unversehrtheit zu verteidigen.

Im Juni 1950 brach der **Korea-Krieg** aus, durch den die Konfrontation zwischen den USA und der UdSSR einen neuen Höhepunkt erreichte. In dieser Situation schlug der damalige Bundeskanzler Konrad Adenauer vor, dass die Westdeutschen einen eigenen militärischen Beitrag zur Sicherung ihres Gebietes gegen eine mögliche sowjetische Expansion in Europa leisten könnten. Die USA unterstützten diesen Gedanken und favorisierten die Idee einer Europa-Armee, in der auch deutsche Streitkräfte integriert werden sollten. Nach Konsultationen mit den europäischen Verbündeten schlug schließlich im Oktober 1950 die französische Regierung das Projekt einer **Europäischen Verteidigungsgemeinschaft** (EVG) unter Einbeziehung der Westdeutschen vor. Nationalstaatlich ausgerichtete Armeen wären dann von einer integrierten europäischen Armee abgelöst worden.

Dieser Plan hätte dazu geführt, Westeuropa zu stärken und Westdeutschland wieder zu bewaffnen und somit die Position der UdSSR zu schwächen. Die UdSSR unter Stalins Führung reagierte daraufhin mit einem Vorschlag an die drei Westmächte, der die Wiedervereinigung der vier ehemaligen Besatzungszonen vorsah. Als Preis verlangte Stalin, die politische und militärische Neutralität des vereinigten Deutschlands, das sich somit nicht in den Westen integrieren sollte. Diese sogenannte **„Stalin-Note“** erreichte die Westmächte am 10. 3. 1952, unmittelbar vor der geplanten Unterzeichnung des EVG-Vertrages. Der Vertrag wurde trotzdem ratifiziert, da die Mehrheit der politisch Verantwortlichen nicht an die Ernsthaftigkeit der sowjetischen Absichten glaubte und die Politik der UdSSR weiterhin als expansiv einschätzte. Andererseits meinten viele Politiker, die Adenauers Politik der Westintegration skeptisch betrachteten, dass hier die letzte ernsthafte Chance einer deutschen Wiedervereinigung nicht genutzt worden sei. Auch heute noch wird die Stalin-Note unterschiedlich bewertet, hat allerdings durch die Wiedervereinigung 1990 an Brisanz verloren.

Das Projekt **EVG** scheiterte 1954 endgültig, da die französische Nationalversammlung keine weiteren Souveränitätsrechte abgeben wollte. Als „Ersatz“ traten nun Westdeutschland und Italien im Oktober 1954 dem Brüsseler Vertrag bei, dessen antideutsche Passagen getilgt wurden und der zur **Westeuropäischen Union** (WEU) weiterentwickelt wurde. NATO- und WEU-Beitritt wurden am 5. 5. 1955 rechtskräftig und bedeuteten die Souveränität Westdeutschlands und damit die Möglichkeit, eigene Streitkräfte zu unterhalten, die eng in die westlichen Bündnisse integriert wurden. NATO und WEU waren parallele Organisationen, wobei Letztere immer im Schatten der NATO blieb.

Die UdSSR konnte die relative Schwächung ihrer Position nicht akzeptieren und rief kurze Zeit nach dem Inkrafttreten der Pariser Verträge ein eigenes Militärbündnis ins Leben. Am **14. Mai 1955** gründeten in Warschau die Sowjetunion, Albanien, Bulgarien, die DDR, Polen, Rumänien, die Tschechoslowakei und Ungarn den **Warschauer Pakt als östliches Gegenstück zur NATO**. Damit wurden die vielen schon bestehenden Verbindungen und Abhängigkeiten zwischen den mittel- und osteuropäischen Staaten und der UdSSR verfestigt und auf eine neue institutionelle Ebene gebracht.

Die Zielsetzung des Warschauer Vertrages entsprach formal den Bestimmungen der UNO-Charta über Friedenssicherung und regionale Bündnisse, sollte jedoch vor allem „imperialistische Aggressionen“ abwehren, wie der sowjetische Sprachgebrauch lautete. Damit ließ sich rechtfertigen, dass die UdSSR große Teile ihrer Truppen in den verbündeten Staaten beließ und sich auch in die inneren Angelegenheiten ihrer „Bündnispartner“ einmischen konnte.

In den Strukturen herrschte in Theorie und Praxis die Sowjetunion vor. Dies ergab sich nicht nur durch die Stärke ihrer Truppen und deren Präsenz in den verbündeten Staaten, sondern auch in den Führungsstellen im militärischen Bereich dominierten eindeutig sowjetische Offiziere. Der Sitz des Warschauer Paktes befand sich in Moskau. Die oberste Leitung des Bündnisses oblag den Partei- bzw. Regierungschefs, die sich regelmäßig zu „Gipfeltreffen“ versammelten, um politische und militärische Richtlinien zu verabschieden und um die Integration des Bündnisses zu fördern.

In wirtschaftlicher Hinsicht verliefen parallele Integrationsprozesse. Nachdem die UdSSR die Marshall-Plan-Hilfe für sich und ihre „Verbündeten“ abgelehnt hatte, initiierte sie eine wirtschaftliche Zusammenarbeit in ihrem Einflussbereich. So wurde im Januar 1949 in Moskau der **Rat für Gegenseitige Wirtschaftshilfe** (RGW, auch COMECON: Council for Mutual Economic Aid) gegründet. Er sollte die wirtschaftliche und politische Kooperation der sozialistischen Staaten koordinieren. Ihm gehörten zunächst Bulgarien, die CSSR (Tschechoslowakische Sozialistische Republik), Polen, Rumänien, die

UdSSR und Ungarn an. Im Februar 1949 folgten Albanien und im September 1950 die DDR. Weitere Vollmitglieder des RGW wurden 1962 die Mongolei, 1972 Kuba und Vietnam. Nordkorea, Jugoslawien und die Volksrepublik (VR) China arbeiteten teilweise in dem wirtschaftlichen Gremium mit.

In den 50er-Jahren entwickelte sich kaum eine wirksame wirtschaftliche Integration im Sinne einer übernationalen ökonomischen Struktur. Der Widerstand vieler Länder Ostmittel- und Osteuropas verhinderte dies. Weiterhin unterschieden sich die Wirtschaftsstrukturen der beteiligten Länder zu sehr.

Der Westen Europas hingegen unternahm in den 50er-Jahren deutliche Fortschritte zu einer wirtschaftlichen Integration. Unter dem Schutz und der wohlwollenden Förderung der USA entwickelten sich besonders Frankreich und die neu gegründete Bundesrepublik Deutschland zu „Motoren“ der Integration. Eine Personifizierung dieser Bemühungen stellten Anfang der 50er-Jahre der französische Außenminister Robert Schuman (1886–1963) und der deutsche Bundeskanzler Konrad Adenauer (1876–1967) dar. Beide waren überzeugt, dass Deutschland und Frankreich ihre Volkswirtschaften eng miteinander verbinden müssten, um Frieden, Wohlstand und politische Freiheiten wenigstens im westlichen Teil Europas zu sichern, gerade auch angesichts der sowjetischen Außenpolitik.

Schuman entwickelte 1950 einen Plan, um die Montanindustrie (Kohle- und Stahlindustrien) Frankreichs und Deutschlands zu vereinen, was bei einigen französischen Politikern auch als Möglichkeit gesehen wurde, das Ruhrgebiet, das industrielle Herz Deutschlands, zu beherrschen. Dieser **Schuman-Plan** bildete die Basis für die wirtschaftliche Einigung Westeuropas. 1951 folgte eine erste Umsetzung des Plans: Deutschland, Frankreich, Italien, Belgien, Luxemburg und die Niederlande gründeten die **Europäische Gemeinschaft für Kohle und Stahl** (EGKS) mit Sitz in Brüssel, quasi der Vorläufer der heutigen Europäischen Union. Diese Sechsergemeinschaft bildet seitdem immer wieder den Kern der europäischen Einigung. Dass diese Staaten den Montanbereich integrierten, bedeutete wirtschaftlich viel, stellten doch der Kohlebergbau und die Stahlindustrie in den 50er-Jahren die bedeutendsten Wirtschaftszweige der Industriestaaten dar.

Die EGKS und ihre erfolgreiche Zusammenarbeit regte die beteiligten Staaten an, das Modell der Integration auf andere ökonomische Bereiche zu übertragen. Als Folge gründeten die sechs Staaten durch die Römischen Verträge vom März 1957 die **Europäische Atomgemeinschaft** (EURATOM) und die **Europäische Wirtschaftsgemeinschaft** (EWG). Somit verfügten die Staaten ab 1958 über drei Gemeinschaften, deren Ziel es war, einen gemeinsamen Binnenmarkt und eine Integration der beteiligten Volkswirtschaften herbeizuführen.

Damit zeichnete sich Ende der 50er-Jahre eine wirtschaftliche Teilung Westeuropas ab. Versuche, die nicht der EWG angehörenden Staaten mit ihr zu verbinden, scheiterten. Insbesondere Großbritannien war wegen seines weit verzweigten Kolonialreiches bzw. seiner Bindungen nach Übersee nicht bereit, sich stärker in Europa zu integrieren. Somit wurde 1960 von sieben Staaten (Dänemark, Norwegen, Schweden, Portugal, Schweiz, Österreich und Großbritannien) die **EFTA** (European Free Trade Association: Europäische Freihandelsorganisation) gegründet, deren Ziel überwiegend im Abbau von Zöllen und Handelshemmnissen lag. Eine weitere Integration der Volkswirtschaften wie bei der EWG planten die sieben Staaten nicht.

Die Zuordnung der meisten Staaten Europas zu militärischen und/oder wirtschaftlichen Blöcken war damit ab 1960 praktisch abgeschlossen, auch wenn sich einige Staaten wie Finnland, Schweden, Österreich und die Schweiz paktpolitisch als neutral verstanden.

Auch außerhalb Europas und Nordamerikas zeigte die Bipolarität Auswirkungen. Zahlreiche Staaten ordneten sich direkt oder indirekt in dieses System ein. In Lateinamerika gelang es den USA, zunächst alle Staaten durch verschiedene Bündnisse an sich zu binden. Der umfassendste Zusammenschluss mit Sitz in Washington wurde die im Jahr 1948 gegründete **Organisation Amerikanischer Staaten** (OAS), deren Hauptzweck die Verteidigung der beiden Amerikas sowie deren wirtschaftliche Entwicklung war. Somit befand sich die OAS ganz in der Tradition der 1823 aufgestellten Monroe-Doktrin, nach der die USA die Einmischungen fremder Mächte in Amerika als einen feindseligen Akt betrachteten. Weitere regionale Gruppierungen mit teilweise wirtschaftlichem Schwerpunkt ergänzten die OAS. In Afrika gehörten die meisten Gebiete während der 50er-Jahre den klassischen Kolonialmächten Großbritannien, Frankreich, Italien, Spanien und Portugal. Somit stand dieser Kontinent noch ganz überwiegend unter dem Einfluss des Westens.

In Süd- und Ostasien sowie im pazifischen Raum schufen die USA, unterstützt durch Großbritannien und Frankreich, ebenfalls ein Bündnissystem, das sich gegen die vermutete Expansion kommunistischer und mit der UdSSR eng verbündeter Regime richtete. Kernstücke dieser Eindämmungspolitik wurden der **ANZUS-Pakt** und die **SEATO**. Erster entstand 1951 als Verteidigungspakt zwischen Australien, New Zealand und den USA. 1954 folgte quasi das Gegenstück zur NATO in Südostasien, die SEATO (South East Asia Treaty Organisation), der neben den ANZUS-Staaten Frankreich, Großbritannien, Pakistan, die Philippinen und Thailand angehörten. Hinzu kamen Zusammenschlüsse der USA mit Japan, Südkorea, Südvietnam und Taiwan. Auch der Iran war über einen Pakt mit den USA verbunden.

Es wird deutlich, dass das System der Bipolarität in den 50er-Jahren fast alle Teile der Erde erfasste: Fast ganz Amerika, die größten Teile Afrikas, West- und Südeuropa, große Teile des Nahen und Mittleren Ostens sowie teilweise Südost- und Ostasien und Australien waren verteidigungspolitisch mit den USA verbündet und auf diese ausgerichtet. Osteuropa und große Teile Mittel- und Ostasiens, besonders China, waren auf die Sowjetunion festgelegt. Es existierten nur drei bedeutende Staaten, die zwischen den Blöcken mehr oder weniger Distanz hielten: Die ehemaligen Kolonien Ägypten unter Präsident Nasser, Indien unter Premierminister Nehru und Indonesien unter Präsident Sukarno.

Hochrüstung, Krisen und Kriege

Die Zeit der Bipolarität und der Rivalität der beiden Supermächte rief als Folge eine Hochrüstung nie gekannten Ausmaßes hervor. NATO und Warschauer Pakt investierten immer größere Summen in die Entwicklung, Produktion und Unterhaltung immer neuer und besserer Rüstungen. Nach Schätzungen des Stockholmer Friedensinstituts SIPRI betrugen die weltweiten Ausgaben für Rüstung pro Jahr in Friedenszeiten: Vor 1914 ca. 4 Mrd. $, 1950 ca. 100 Mrd. $, 1970 ca. 200 Mrd. $ und 1980 ca. 500 Mrd. $. Nach Angaben des Instituts wurden in den 80er-Jahren 6 % des Weltbruttosozialprodukts für militärische Zwecke ausgegeben; 10 % der geförderten Rohstoffe und 40 % der Ausgaben für wissenschaftliche Forschung dienten dem militärischen Sektor. Die USA, die UdSSR, Frankreich und Großbritannien wurden die größten Waffenproduzenten, die auch die meisten Länder der Dritten Welt mit Rüstungsmaterial belieferten.

Eine besondere Dimension erhielt die Hochrüstung bzw. das Wettrüsten durch die **Atomwaffen**, die erstmals im August 1945 über Hiroshima und Nagasaki in Japan durch die USA eingesetzt wurden. 1952 erprobten die USA die erste Wasserstoffbombe. Die UdSSR zog bei beiden Waffenarten 1949 bzw. 1953 nach. Weitere Atommächte wurden Großbritannien, Frankreich, die Volksrepublik China und Indien. Besonders die USA und die UdSSR lieferten sich ein „atomares Wettrüsten".

1987, kurz vor dem Zusammenbruch des Warschauer Paktes, verfügten die USA über fast 14 000 atomare Sprengköpfe und Bomben, die UdSSR hatte ca. 11 000 dieser Waffen. Damit besaßen beide Staaten ein Atomwaffenpotenzial, das ausreichte, die gesamte Menschheit mehrfach zu vernichten. Jede der beiden Großmächte war bestrebt, die jeweils andere an Waffentechnik zu übertreffen, während die zunächst unterlegene diesen Vorsprung bald wieder

Demonstration der Stärke am 54. Jahrestag der Oktoberrevolution 1971 trotz Annäherung der Supermächte.

einholte. Somit erreichten beide Supermächte einen waffentechnischen Zustand, der **Gleichgewicht des Schreckens** genannt wurde.

Seit 1949 gab es zwischen der NATO und dem Warschauer Pakt keinen kriegerischen Konflikt, jedoch häufig Phasen intensiven feindseligen Verhaltens, genannt „Kalter Krieg". Unterhalb dieser Ebene existierten jedoch zahlreiche kleinere Krisen und Konflikte, in die die Großmächte zumeist involviert waren, indem sie einzelne Staaten quasi für sich auftreten oder gar Kriege/Konflikte führen ließen (sog. **Stellvertreterkriege**). Einzelne Krisen eskalierten so sehr, dass aus dem „Kalten Krieg" ein „Heißer Krieg" hätte werden können.

In **Europa** konzentrierten sich solche Krisen auf das Gebiet des Ostblocks und neuralgische Punkte zwischen den Blöcken. Als Hauptursache der Konflikte lässt sich das Streben der Völker Mittel- und Ostmitteleuropas festhalten, ihre innere und äußere Freiheit von der Sowjetunion zurückzuerhalten. Bezeichnenderweise begehrten diese Völker gegen die sowjetische Vorherrschaft erst offen auf, als nach Stalins Tod im März 1953 in der sogenannten **Tauwetter-Periode** in der UdSSR selbst mehr Freiheitlichkeit um sich griff.

Zuerst versuchten die Menschen in der DDR am 16./17. Juni 1953 die Herrschaft der Kommunisten durch einen Volksaufstand abzuschütteln. Er scheiterte daran, dass sowjetische Truppen die Herrschaft der SED stabilisierten. 1958 stellte der sowjetische Parteichef Nikita Chruschtschow den drei Westmächten ein Ultimatum, mit dem er diese aus West-Berlin vertreiben und die Zugangswege nach Berlin der DDR unterstellen wollte. Damit wäre es für DDR-Bürger unmöglich geworden, über die noch freien Übergänge zwischen West- und Ost-Berlin in den Westen zu fliehen. Aufgrund der harten Haltung

Während des „Prager Frühlings" kam es zu Demonstrationen der Bevölkerung gegen russisches Militär.

der Westmächte konnte die UdSSR ihre Forderung nicht durchsetzen. Andererseits signalisierte das sowjetische Ultimatum, dass man die offene Grenze zu West-Berlin als „Wunde im Fleisch" der sozialistischen Staaten betrachtete. Die DDR-Bevölkerung fürchtete eine baldige Schließung dieser Grenze und es begann 1960/61 eine Fluchtbewegung mit schwerwiegenden wirtschaftlichen Folgen für die DDR. Daher riegelte diese mit dem Bau der **Mauer** quer durch Berlin die Grenze zu West-Berlin am 13. August 1961 mit Zustimmung der UdSSR hermetisch ab.

Ein weiterer Krisenstaat war aus sowjetischer Sicht **Polen**. Der Juni-Aufstand von 1956 in Posen wurde zwar mithilfe sowjetischer Truppen niedergeschlagen, half jedoch, im Oktober 1956 eine „liberalere" Herrschaft der Kommunisten durchzusetzen, sodass sich oppositionelle Kräfte, wie die Katholische Kirche besser entfalten konnten. Im Sommer 1980 erlebte Polen eine weitere große Streikwelle. Es entstand die unabhängige Gewerkschaft **Solidarnošč (Solidarität)** unter Walesa. Nur durch Verhängung des Kriegsrechts ließ sich die Herrschaft der Kommunisten aufrechterhalten. Innere Freiheit und einen Abzug sowjetischer Truppen forderten auch die **Ungarn** im Oktober 1956. Auch hier gelang es nur mithilfe der Roten Armee, Ungarn im Warschauer Pakt zu halten.

Mit der Wahl des Slowaken Alexander Dubček begann die KP der **Tschechoslowakei** 1968 einen starken Liberalisierungs- und Reformkurs einzuschlagen. Dieser sogenannte **Prager Frühling** brachte für die Menschen viele Freiheiten mit sich. Da ein derartiger demokratischer Sozialismus („Sozialismus mit menschlichem Antlitz") die Grundfesten des sowjetischen Systems gefährden würde, besetzten am 21./22. August 1968 die Warschauer-Pakt-Truppen die ČSSR und beendeten die Reform-Ära gewaltsam. In diesem

Zusammenhang verkündete der damalige sowjetische Parteichef Leonid Breschnew die Doktrin von der begrenzten Souveränität sozialistischer Staaten, um ein Eingreifen der UdSSR in innere Angelegenheiten „sozialistischer Bruderstaaten" zu rechtfertigen. Die genannten Krisen erschütterten die Menschen in Ost und West sehr. Viele forderten und erwarteten eine Hilfe des Westens für die aufbegehrenden Völker. Dazu kam es nie im militärischen Sinne, denn daraus hätte sich, unkalkulierbar für die handelnden Politiker, ein neuer Weltkrieg entwickeln können. Beide Supermächte respektierten die jeweiligen Einflusssphären, wie sie nach 1945 entstanden waren.

In **Asien** entwickelten sich entlang der Bruchlinie der bipolaren Welt Kriege, die den Weltfrieden ernsthaft gefährdeten. 1950–1953 tobte auf der **koreanischen Halbinsel** eine erbitterte Auseinandersetzung zwischen dem prowestlichen Südkorea und dem prokommunistischen Nordkorea. Südkorea wurde dabei von UN-Truppen unterstützt, wobei amerikanische Kontingente den größten Teil stellten. Nordkorea erhielt Hilfe von chinesischen „Freiwilligen", wobei dies sicherlich mit aktiver Unterstützung der mit China verbündeten UdSSR geschah. Eine direkte Konfrontation USA/ UdSSR unterblieb. Die Teilung Koreas infolge des Waffenstillstands von 1953 dauert seitdem an.

Ein anderer Kriegsherd wurde über mehrere Jahrzehnte (1946–1975) das Gebiet der ehemaligen französischen Kolonie **Indochina**, wobei besonders Vietnam betroffen war. Im ersten Indochina-Krieg (1946–1954) erzwang die kommunistische Befreiungsbewegung und -armee des Vietminh die französische Kapitulation. Daraufhin wurde auf der Genfer Außenministerkonferenz 1954 Indochina in die neutralen Staaten Laos und Kambodscha sowie in das prokommunistische Nord- und das prowestliche Südvietnam aufgeteilt.

Das labile und korrupte Regime in **Südvietnam** wurde bald danach von den kommunistischen Vietkong-Rebellen bekämpft. Die USA fürchteten nun, dass auch Südvietnam kommunistisch werden könnte und im Sinne einer Domino-Theorie (fällt ein Stein, fallen alle) weitere prowestliche Staaten kommunistisch werden könnten. Folglich stützten sie zunächst Südvietnam, bombardierten Nordvietnam sowie Stellungen des Vietkong und griffen schließlich sogar mit eigenen Bodentruppen ein. Trotz eines immer stärkeren Engagements mussten Südvietnam und die USA schließlich kapitulieren und einer Vereinigung ganz Vietnams unter kommunistischer Führung zustimmen.

Das „sowjetische Vietnam" hieß **Afghanistan**. Dort versuchte die UdSSR in dem Krieg zwischen 1979 und 1989 das ehemals neutrale Land in seine Einflusssphäre zu bringen, scheiterte jedoch am hartnäckigen Widerstand muslimischer Freischärler, die von Iran, Pakistan und den USA unterstützt wurden.

Der **Nahe Osten** erlebte seit der Staatsgründung Israels vier Kriege des jüdischen Staates mit seinen arabischen Nachbarn. Die USA unterstützten dabei überwiegend Israel, während Ägypten und Syrien zeitweilig stark mit der UdSSR zusammenwirkten. Die Friedensverträge Israels mit Ägypten und Jordanien, initiiert durch US-amerikanische Vermittlung, stärkten insgesamt die westliche Position in der Region.

Die bedrohlichste Ost-West-Konfrontation war die **Kuba-Krise** von 1962. Nachdem der Partisanenführer Fidel Castro das korrupte, von den USA abhängige Regime des Diktators Batista 1959 gestürzt hatte, bewegte sich Kuba auf ein sozialistisches Regime zu. Es wurde aus der OAS 1962 ausgeschlossen und erhielt Wirtschaftshilfe von der UdSSR, die schließlich – quasi vor der „Haustür" der USA – Atomraketen auf der Insel stationierte. Die Erkenntnis darüber und die Auseinandersetzung über einen sowjetischen Rückzug führten an den Rand eines Dritten Weltkrieges, denn niemals zuvor sahen sich die USA so unmittelbar durch feindliche Waffen bedroht. Schließlich lenkte die UdSSR ein und baute die Raketen wieder ab. Ein wirklicher Machtgewinn für die UdSSR war somit nicht erreicht.

Weitere Konflikte und Kriege kennzeichnen die Zeit des Kalten Krieges, wirkten jedoch weniger elementar im Sinne der bipolaren Aufteilung der Welt, wie sie zwischen 1945 und 1949 entstand. Die grundsätzliche Spaltung der Staatenwelt blieb bis zur Epochenwende 1989/90 im Kern erhalten, auch wenn es innerhalb der Blöcke zu Konflikten und Veränderungen kam.

Koexistenz und Entspannungsversuche

Man kann die internationale Politik zwischen 1945/49 und 1989/90 als Zeit der Hochrüstung, der Krisen und Konflikte sowie unter dem Aspekt „Gleichgewicht des Schreckens" betrachten. Andererseits gab es immer wieder Phasen, in denen durchaus normale bis gute Beziehungen zwischen den Blöcken entstanden. Gelang dies in den 50er- und 60er-Jahren eher sporadisch, so festigte sich die **Entspannungspolitik** in den 70er- und 80er-Jahren zusehends.

Trotz der Festigung des bipolaren Systems kam es insbesondere im Jahr 1955 zu einer deutlichen Verbesserung des Ost-West-Verhältnisses. Die Einsicht, dass durch das atomare Gleichgewicht weder die USA noch die UdSSR die jeweils andere Macht kurzfristig von einer dominierenden Position werde verdrängen können, ließ Versuche realistischer werden, die Beziehungen zwischen den Blöcken zu entspannen. Außerdem hatte die UdSSR unter

Chruschtschow eine Politik der Abkehr vom Stalinismus begonnen und akzeptierte die Existenz kapitalistischer Staaten.

Diese Politik führte im Mai 1955 zum Staatsvertrag der vier Siegermächte über Österreich. Nach diesem Abkommen musste Österreich neutral bleiben, behielt aber seine innere Freiheit, und die Besatzungsmächte zogen ab. Darüber hinaus kam es zur Gipfelkonferenz der vier Mächte in Genf, bei der die Atmosphäre von Verständigung geprägt war.

Eine weitere Folge der neuen Politik war der Moskau-Besuch des deutschen Kanzlers Adenauer im September 1955, bei dem die Entlassung der letzten deutschen Kriegsgefangenen aus der UdSSR erreicht wurde. Zur gleichen Zeit nahmen Westdeutschland und die UdSSR diplomatische Beziehungen auf.

Sichtlich entspannt präsentieren sich Bulganin (UdSSR), Eisenhower (USA), Faure (Frankreich) und Eden (Großbritannien) bei der Genfer Konferenz im Jahre 1955.

Erst nach der **Kuba-Krise** begannen die Supermächte wieder mit der Aufnahme der Entspannungspolitik und vereinbarten 1963 einen Vertrag über atomare Tests, wobei jedoch weitere Schritte einer Verbesserung des Ost-West-Klimas eher zögerlich erfolgten. Der Krieg in Vietnam und die Besetzung der ČSSR wirkten dabei deutlich retardierend. Das Jahr 1969 brachte dann eine erneute Belebung der Entspannungspolitik. In den USA wurde Richard Nixon Präsident, Henry Kissinger Außenminister. Beide suchten nach Wegen, das Engagement der USA in Vietnam zu beenden und die Beziehungen zu den beiden kommunistischen Großmächten UdSSR und VR China zu verbessern. In Deutschland regierte ab Herbst 1969 eine SPD/FDP-Regierung unter Bundeskanzler Willy Brandt, die mit der **Neuen Ostpolitik** versuchte, durch eine Vertragspolitik das Verhältnis zu den östlichen Nachbarn, auch zur DDR, zu regeln. Schließlich lag der UdSSR an einer wirtschaftlichen Zusammenarbeit mit dem Westen, da ihr Wirtschaftssystem zu wenig leistete. Somit hatten also NATO und Warschauer Pakt ein grundlegendes Interesse an verbesserten Beziehungen im politischen, wirtschaftlichen, kulturellen und wissenschaftlichen Bereich. Diese Politik der Annäherung sollte aus westlicher Sicht auch Reisen zwischen Ost und West erleichtern. Das stellte für die kommunistisch regierten Staaten ein großes Problem dar, mussten sie doch befürchten, dass damit in ihren Ländern die Freiheitsrechte stärker eingefordert werden würden, was wiederum die Existenz ihrer Regime gefährdete.

Die verbesserten Beziehungen zwischen den USA und der UdSSR zeigten sich deutlich im Mai 1972, als mit Nixon erstmals ein US-Präsident die Sowjetunion besuchte. Beide Staaten unterzeichneten dabei mit dem **SALT I** Vertrag (**S**trategic **A**rms **L**imitation **T**alks) ein Rüstungsbegrenzungsabkommen über Raketenwaffen. Auch Nixons Besuch in der Volksrepublik China im gleichen Jahr entspannte das Verhältnis China-USA beträchtlich.

Diese günstige politische „Großwetterlage“ bildete die wesentliche Basis der Neuen Ostpolitik der Bundesregierung. Als weitere wichtige Voraussetzung galt die Bereitschaft Westdeutschlands, die nach dem Zweiten Weltkrieg entstandenen Staaten und Grenzen, besonders die Oder-Neiße-Linie als polnische Westgrenze sowie die DDR als zweiten deutschen Staat, anzuerkennen. Auf dieser Grundlage wurden zwischen der Bundesrepublik Deutschland und der Sowjetunion 1970, Polen 1971, der DDR 1972 und der ČSSR 1973 **Verträge über Gewaltverzicht, jeweilige Anerkennung und gute Zusammenarbeit** abgeschlossen. Hinzu kam 1972 ein **Berlin-Vertrag** der vier Siegermächte, der den Zugang von und nach Berlin regelte und verbesserte. Als Folge dieser Politik wurden beide deutsche Staaten 1973 Mitglieder der UNO.

Die am **1. 8. 1975** in Helsinki unterzeichnete Schlussakte der **Konferenz über Sicherheit und Zusammenarbeit in Europa** (KSZE) gilt als Höhepunkt der Entspannungspolitik. Die 35 NATO- und Warschauer-Pakt-Mitglieder und die neutralen Staaten Europas erklärten ihre Absicht, drei große Bereiche (die sog. Körbe) und Prinzipien als Basis ihrer Beziehungen anzusehen:

- Gewaltverzicht und Anerkennung der Grenzen;
- Zusammenarbeit in Wirtschaft, Wissenschaft und Technik;
- Verbesserung der menschlichen Beziehungen zwischen den KSZE-Völkern.

Mehrere KSZE-Nachfolgekonferenzen sollten sich mit der Realisierung der genannten Prinzipien befassen, erzielten jedoch zunächst kaum Erfolge, da sich ab Mitte der 70er-Jahre das Ost-West-Verhältnis wieder verhärtete.

Auslöser war der Versuch der UdSSR, mithilfe neuer Raketensysteme, die gegen den Westen und besonders gegen Westeuropa gerichtet waren, eine militärische Überlegenheit gegenüber der NATO zu erzielen. Dies geschah vor dem Hintergrund der innenpolitischen Krise in den USA, die nach Vietnam Schwierigkeiten hatten, weiterhin ihre Rolle als bestimmendes Element der Weltpolitik zu rechtfertigen.

Der Abschluss der SALT I Verträge am 29.5.1972 zwischen Nixon und Breschnew sowie die Unterzeichnung der KSZE-Schlussakte in Helsinki waren Zeichen der Entspannung zwischen den Blöcken in den 1970er-Jahren.

Diese „Verteidigungsmüdigkeit" nutzte die UdSSR. Spätestens mit dem Amtsantritt des US-Präsidenten Ronald Reagan im Jahre 1981 begann jedoch wieder eine Phase des selbstbewussten Handelns der USA, was auf die gesamte NATO ausstrahlte.

Nachrüstungen der NATO stellten das Kräftegleichgewicht wieder her, verschoben es gar zur NATO hin. Dank der besseren US-amerikanischen Ökonomie und militärischen Technik musste die UdSSR bald einsehen, dass dieser neue Rüstungswettlauf nicht zu gewinnen war. Die Wende zu Entspannung und Abrüstung trat dann spätestens 1985 ein, als in der UdSSR Michael Gorbatschow neuer Chef der KPdSU wurde. Mit den Schlagworten **Glasnost** und **Perestrojka** (Offenheit und Umgestaltung) entwickelte sich ein Klima der Reformen und der demokratischen Öffnung in der Sowjetunion. Dieses Klima veränderte auch die internationalen Beziehungen grundlegend hin zu mehr Zusammenarbeit und Abrüstung.

Die Staaten der Dritten Welt und die Bipolarität

Unter dem Begriff der „Dritten Welt" verstand man in den 50er- und 60er-Jahren des 20. Jahrhunderts die Gesamtheit der Staaten und Gebiete in den Entwicklungsländern, also alle Staaten außerhalb der „Ersten Welt" (westliche Industriestaaten und Japan) und der „Zweiten Welt" (sozialistische Staaten).

In diesem Sinne gehörten ganz Lateinamerika und Afrika, Asien ohne die Gebiete der UdSSR und Japans sowie die meisten Inseln im Pazifik zur Dritten Welt. Zumeist handelte es sich dabei um ehemalige Kolonien europäischer Mächte, wobei die Staaten Lateinamerikas überwiegend Anfang des 19. Jahrhunderts unabhängig geworden waren.

Mitte der 50er- bis Mitte der 60er-Jahre gelang es den meisten afrikanischen Staaten, die Kolonialherrschaft abzuschütteln. 1965 waren fast alle Staaten unabhängig; bis 1975 kamen Angola, Mosambik, Botswana und Zimbabwe hinzu. Schließlich Anfang der 90er-Jahre Namibia und Eritrea. Damit endete eine Periode von ca. 80 Jahren intensiver Herrschaft europäischer Mächte über den schwarzen Kontinent. Die Motive und Gründe für diese epochale Veränderung lassen sich folgendermaßen zusammenfassen:

- Der Zweite Weltkrieg schwächte Großbritannien und Frankreich erheblich, obwohl beide mehr oder weniger als Sieger aus dem Krieg hervorgingen.
- Die neuen Supermächte USA und Sowjetunion bestimmten fortan den Gang der Weltpolitik. Beide vertraten stark antikolonialistische Positionen: Die UdSSR betrachtete Antikolonialismus als Mittel im Kampf gegen die kapitalistischen Staaten. Die USA blieben trotz ihrer eigenen Kolonialgeschichte traditionell antikolonialistisch eingestellt. Die farbige Minderheit in den USA entwickelte sich zunehmend zum Sprachrohr für die nationale Unabhängigkeit der Staaten Afrikas. Im Zeichen der scharfen Ost-West-Konfrontation wurden die Kolonialmächte gezwungen, ihre eigenen politischen Überzeugungen auch gegenüber ihren abhängigen Gebieten zu verwirklichen. Das bedeutete, Freiheit, Demokratie und nationale Selbstbestimmung schneller zu realisieren, als man dies ursprünglich dachte.
- Unter der Herrschaft der Kolonialmächte etablierte sich in vielen Kolonien eine neue einheimische Elite. Diese vereinigte eigene Traditionen und geistig-politische Überzeugungen der westlichen Demokratie, verbunden mit Kenntnissen über den inneren Aufbau ihrer jeweiligen Kolonialmacht. Diese Eliten lebten und studierten oft jahrelang in Großbritannien oder Frankreich und drängten nunmehr in ihrer Heimat darauf, die Führung unabhängiger Staaten zu übernehmen. Diese Führer verkörperten den neuen Nationalismus, der sich territorial auf die Gebiete bezog, die die Kolonialmächte abgegrenzt hatten.
- Die Entwicklungen in Süd- und Ostasien – die Unabhängigkeit Indiens 1947 und Indonesiens 1949, der Sieg Maos und der Kommunisten 1949 in China – waren ein großer Impuls für die Entstehung des afrikanischen Nationalismus. Es gelang, dass sich nicht-weiße Völker und Staaten vom Kolonialismus befreien konnten.

- Besonders die britischen Kolonien erlebten Ansätze innerer Autonomie, oft auf der Basis parlamentarisch-repräsentativer Formen, Statuten und Verfassungsansätze. Die Briten gewährten nacheinander verschiedene Formen der Autonomie: von der Selbstverwaltung auf kommunaler Ebene (*local government*), über innere Autonomie der gesamten Kolonie (*self government*) bis zum Dominiumstatus, als gleichberechtigtes Mitglied der britischen Völkerfamilie im Commonwealth, einem losen Zusammenschluss ehemals britischer Kolonien, dessen Oberhaupt nach wie vor die britische Königin ist.

Die Wege zur Unabhängigkeit gestalteten sich unterschiedlich. Zumeist bildeten sich nationalistische Parteien und Unabhängigkeitsbewegungen, überwiegend orientiert an und geführt von charismatischen Persönlichkeiten, die die Massen begeisterten. Der eigentliche Unabhängigkeitskampf verlief häufig konfliktreich mit der jeweiligen Kolonialmacht, zuweilen in Form längerer Kriege oder bewaffneter Auseinandersetzungen. Beispiele hierfür sind der Algerien-Krieg 1954–1962 sowie der Kongo-Konflikt 1960/1965.

Um ihre Unabhängigkeit zu sichern, mussten die neuen Staaten nach innen und außen versuchen, eine eigene Identität zu finden. Im außenpolitischen Bereich geschah dies durch zahlreiche regionale oder Gesamtafrika umfassende Zusammenschlüsse.

Alle unabhängigen Staaten wurden als Mitglieder in die **Organisation der Vereinten Nationen** (UNO) sowie in deren Unterorganisationen aufgenommen. Keinem afrikanischen Staat gelang es, ständiges Mitglied des UN-Sicherheitsrates zu werden. Immerhin verfügt Afrika mit circa 50 von über 180 Staaten zahlenmäßig in der UN-Vollversammlung über ein großes Gewicht. Mit dem Ghanaer Annan stellte Afrika zwischen 1997 und 2006 zum zweiten Mal den UN-Generalsekretär. Der Einfluss Afrikas blieb jedoch begrenzt.

1945 begründete man in Kairo die **Arabische Liga** als regionalen Zusammenschluss arabisch-islamischer Staaten. Nach ihrer Unabhängigkeit traten alle nordafrikanischen Staaten der Gemeinschaft bei. Zwar versuchte die Arabische Liga, die Interessen ihrer Mitgliedstaaten zu bündeln, aber es existierten weiterhin viele Unterschiede, die die Liga schwächten. So traten z. B. erdölreiche Staaten für hohe Rohölpreise ein, erdölarme für niedrige; die Nachbarn Israels suchten politische und militärische Unterstützung im Nahostkonflikt, entfernt liegende Staaten aber fühlten sich davon kaum berührt; darüber hinaus lehnten sich einige Staaten politisch an den Westen, andere eher an die Sowjetunion an.

Aus der Überlegung heraus, die Interessen ganz Afrikas zu definieren, zu bündeln und nach außen zu vertreten und damit auch innerafrikanische Konflikte zu lösen, erwuchs 1963 die **Organisation für Afrikanische Einheit** (OAU) mit Sitz in Addis Abeba (Äthiopien), der alle unabhängigen Staaten

Afrikas angehören. Der OAU gelang es bisher kaum, im Sinne der Ziele wirksam zu arbeiten. Weder die OAU noch die Arabische Liga verfügen über wirksame Instrumente wie Polizeitruppen, Armeekontingente oder eine internationale Justiz, um wirksame Beschlüsse durchzusetzen.

Zahlreiche afrikanische Staaten gehören regionalen wirtschaftlichen Zusammenschlüssen an. Alle diese Gemeinschaften sollten den Handelsaustausch und die Wirtschaftsentwicklung mit Zollabbau, Handelsabkommen und Währungszusammenarbeit fördern. Größere Erfolge unterblieben aber wegen der verschiedenen politischen und wirtschaftlichen Systeme, der wirtschaftlichen Interessensgegensätze und nicht zuletzt wegen mangelnder innerer Stabilität.

In wirtschaftlicher Hinsicht existiert die Anbindung an die Europäische Union (EU). In den bisherigen vier Abkommen von Lomé verpflichtete sich die EU, den Vertragsstaaten durch den Abbau von Handelshemmnissen den Zugang afrikanischer Produkte zum EU-Markt zu erleichtern. Gleichzeitig gewährte die EU Entwicklungshilfe. Zum Lomé-Abkommen gehören alle afrikanischen Staaten außer Südafrika und die nordafrikanischen Mittelmeeranrainer. Marokko, Algerien, Tunesien und Ägypten schlossen mit der EU besondere Handelsabkommen.

Nach der Unabhängigkeit gerieten viele Staaten in den Sog des Ost-West-Konfliktes. Zeitweilig nahm die Sowjetunion über Wirtschaftsabkommen, Entwicklungs- und Militärhilfe, Unterstützung von Befreiungsbewegungen und sozialistisch ausgerichteter Regime relativ großen Einfluss auf einige Länder. Erstmals gelang dies in Ägypten unter Nasser mit dem Bau des Assuan-Damms durch sowjetische Hilfe sowie in Äthiopien, als 1974 die Monarchie gestürzt und ein sozialistisches Regime errichtet wurde. Auch mit Angola und Mosambik arbeitete die UdSSR militärisch eng zusammen. Der sowjetische Verbündete Kuba unterhielt zeitweilig ca. 30 000 Soldaten in Angola, um die marxistische Regierung zu unterstützen.

Auch der Westen versuchte mit politischen, wirtschaftlichen und militärischen Mitteln seine Position in Afrika zu sichern. Einen Schwerpunkt des westlichen Einflusses bildete lange Zeit das südliche Afrika. Zaire (Kongo) und viele der ehemaligen französischen Kolonien erhielten Gelder, militärische Ausrüstung, manchmal sogar französische Truppen, um innere Gegner zu bekämpfen.

Mit dem Niedergang des Kommunismus und der Auflösung der UdSSR traten diese Aspekte der Politik in den 90er-Jahren zurück.

Die Rolle der beiden deutschen Staaten im Rahmen des Ost-West-Gegensatzes

Bezüglich der Rolle der beiden deutschen Staaten im Rahmen des Ost-West-Gegensatzes zeigen sich bemerkenswerte Parallelen in der Außenpolitik beider Staaten, allerdings mit jeweils anderen Vorzeichen, besonders in ideologischer Hinsicht.

Die zwei deutschen Staaten waren **1949 aus den Trümmern des Dritten Reiches** hervorgegangen. Der Wille zur Teilstaatsgründung war bei deutschen Politikern der Nachkriegszeit begrenzt, da dies einen Schritt weg von dem auf beiden Seiten proklamierten Ziel der staatlichen Einheit bedeutete. Daher enthielten sowohl das Grundgesetz von 1949 als auch die erste DDR-Verfassung des selben Jahres deutliche Hinweise auf eine Wiedervereinigung.

Dieses nationale Ziel musste sich jedoch immer mehr den Zwängen der Bipolarität und dem Druck innerhalb der Blöcke unterordnen. Hinzu kam, dass beiden Staaten die Kompetenzen in den entscheidenden Fragen fehlten, die Deutschland in seiner Gesamtheit betrafen. Hier übten die vier Siegermächte nach wie vor Souveränitätsrechte aus. Diese Vorbehalte wurden auch in den Deutschlandverträgen 1954/55 ausdrücklich festgelegt. Somit galt für beide deutsche Staaten, dass sie in ihren Aktionen und Zielen im besonderen Maße auf die Zusammenarbeit und das Wohlwollen der Blöcke, denen sie angehörten, angewiesen waren. Ganz besonders galt dies für die Beziehungen zu den jeweiligen Vormächten USA bzw. UdSSR. Dabei konnte sich die Bundesrepublik Deutschland deutlich freier entfalten als die DDR, da das System des Westens auf dem Prinzip der Freiheitlichkeit beruhte und die ökonomische Stärke Westdeutschlands eine weit größere Rolle spielte als die der DDR.

Ein weiterer wesentlicher Faktor war, dass Regierung und Bevölkerung Westdeutschlands insgesamt im Konsens über die Außenpolitik lebten, während ein Großteil der DDR-Bevölkerung die (Außen-)Politik ihrer Regierung ablehnte, die Unfreiheit und mangelnde ökonomische Entwicklung bedeutete. Die Vormacht USA wurde mit ihrer starken Truppenpräsenz in Westdeutschland zunehmend als Garant der eigenen Freiheit und Sicherheit – besonders im „eingemauerten“ West-Berlin – empfunden, während die Truppen der UdSSR in der DDR als Stabilisatoren der Unterdrückung galten, was besonders am 17. Juni 1953 deutlich wurde. Insofern waren die Freundschaftsbeteuerungen der Westdeutschen gegenüber den USA ernst gemeint, die der DDR-Deutschen gegenüber der UdSSR aufgesetzt und eine lästige Pflichtübung.

Deutschland hatte sich seit der Reichsgründung 1871 als Großmacht in der Mitte Europas definiert, die zwischen Ost und West steht. Diese Position war infolge des Zweiten Weltkriegs unmöglich geworden. Das Nationale galt als diskreditiert und rückwärtsgewandt. In dieser Situation bot sich beiden deutschen Staaten ein Ersatz an: Für die DDR die Ostorientierung mit der ideologischen Überhöhung des **„sozialistischen Internationalismus“** mit dem Zentrum des sozialistischen Vorbildes UdSSR. Die DDR verstand sich lange als „Musterknabe“ des sozialistischen Lagers, indem sie Pflichten aus der Zugehörigkeit zum Warschauer Pakt besonders gut erfüllen wollte.

Die Bundesrepublik Deutschland verstand ihre Westorientierung als das Ende der „Schaukelpolitik“ zwischen Ost und West, als Garant für die Zugehörigkeit in einer Gemeinschaft mit den Grundwerten Freiheit und Demokratie. Neben den Beziehungen zu den USA spielte das Ziel der europäischen Einigung, möglicherweise in Form eines europäischen Bundesstaates, eine herausragende Rolle. Vielen galt das demokratische und bundesstaatliche Europa als Ersatz für das verloren gegangene Nationalgefühl, für den untergegangenen Nationalstaat. Somit galten die Westdeutschen lange Zeit als die „Musterknaben“ der NATO und der europäischen Einigung, weil eigene deutsche Interessen wenig artikuliert wurden.

Vom alliierten Besatzungsstatut zur Souveränität der Bundesrepublik
4 Besatzungszonen 5. 6. 1956

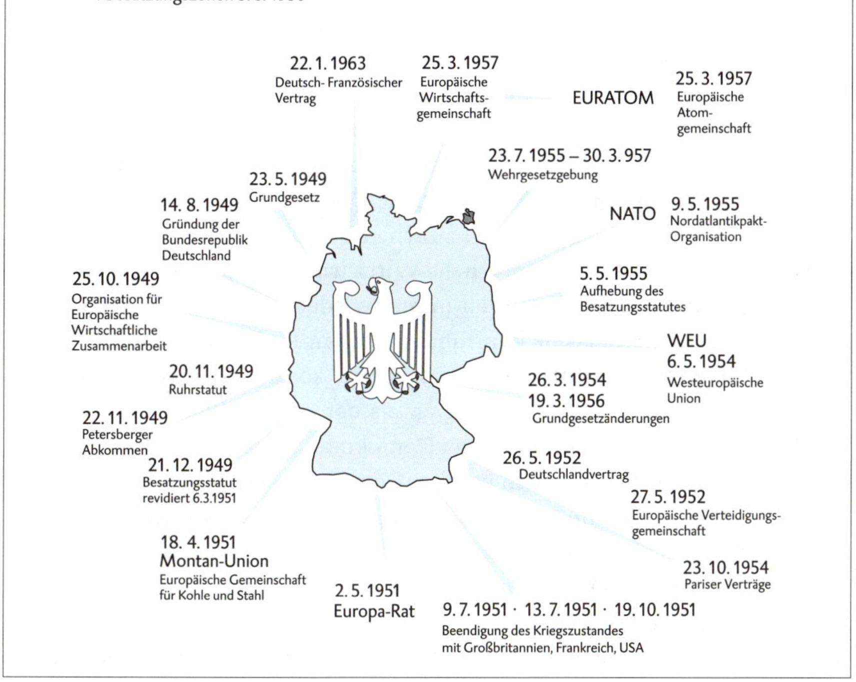

Im Rahmen der **Westorientierung der Bundesrepublik** Deutschland spielte von Anfang an neben dem Verhältnis zu den USA das zum „Erbfeind" Frankreich eine herausragende Rolle. Es galt, die „Erbfeindschaft" zu überwinden. Eine feste Klammer zwischen Paris und Bonn sollte nicht nur die beiden Staaten und Völker miteinander verbinden, sondern auch zum Kern des zu einigenden Europas werden. Zu diesem Zweck wurde 1963 der **Freundschaftsvertrag** zwischen beiden Staaten geschlossen. Dabei erwies es sich als sehr förderlich, dass oft Persönlichkeiten an der Spitze des Staats standen, die die Aussöhnung vorantrieben: Adenauer und Schuman um 1950, Adenauer und de Gaulle um 1960; Schmidt und Giscard d'Estaing um 1975, Kohl und Mitterand in den 80er-Jahren. Die politisch-ideologische Ausrichtung spielte dabei kaum eine Rolle. Seit 1963 sind zahllose deutsch-französische Partnerschaften und Freundschaften bis in den privaten Bereich hinein entstanden.

Ähnliches wollte anfangs auch die DDR im Verhältnis zu Polen realisieren. Schon 1950 schlossen beide Staaten den **Görlitzer Vertrag**, in dem die DDR die damals international nicht anerkannte Oder-Neiße-Linie als endgültige Westgrenze Polens anerkannte („Freundschaftsgrenze"). Eine weitere Vertiefung der Beziehungen gelang jedoch kaum. Für die DDR war Polen oftmals ein ideologisch unsicherer Nachbar, denn die inneren Verhältnisse dort waren viel liberaler als in der DDR.

Ein wesentlicher Schub in Richtung Anerkennung und politischer Aufwertung beider deutscher Staaten entstand durch die Wirtschaftsentwicklung in West und Ost. Seit den 50er-Jahren erreichte die **soziale Marktwirtschaft** der Bundesrepublik Deutschland mit dem „Wirtschaftswunder" internationale Anerkennung. Neben den USA und Japan wurde Westdeutschland die wichtigste Wirtschaftsmacht der Erde. Auch die DDR-Wirtschaft entwickelte sich – trotz der Probleme des planwirtschaftlichen Systems – doch so effektiv, dass die UdSSR und die DDR wesentlich die Wirtschaft des RGW beherrschten.

Beide deutschen Staaten wurden immer wieder mit einem Grundproblem ihrer jeweiligen Staatlichkeit konfrontiert, das man als die „deutsche Frage" oder das „**Deutschlandproblem**" benennen könnte. Die Bundesrepublik Deutschland fühlte sich von Anfang an als der rechtmäßige deutsche Staat, weil in ihm durch die Grundregeln der Demokratie die innere und äußere Legitimation für staatliches Handeln gegeben war. Der DDR fehlte diese Legitimation. Sie wurde lange nur als „Statthalter" der UdSSR betrachtet. Folglich erklärte sich die Bundesrepublik mit allen positiven wie negativen Folgen zum Rechtsnachfolger des Deutschen Reiches. Als Konsequenz bemühte sich die Regierung der Bundesrepublik, eine Anerkennung der Staatlichkeit der DDR durch andere Staaten oder gar eine Gleichstellung als souveräner Staat zu verhindern, so auch beispielsweise den Austausch von Botschaftern. Eine internationale Anerkennung hätte aus dieser Sicht auch eine Zementierung und damit Legitimierung der deutschen Teilung bedeutet.

Die Bundesrepublik verfolgte also den Anspruch, stellvertretend für alle Deutschen zu handeln, was sich auch darin äußerte, dass DDR-Bürger sofort als Deutsche behandelt wurden, wenn sie in Westdeutschland waren oder als Flüchtlinge eine deutsche Botschaft im Ausland aufsuchten. Diese Politik war in den 50er- und 60er-Jahren relativ erfolgreich. Außer den Staaten des Warschauer Paktes erreichte die DDR nur bei wenigen Staaten der Dritten Welt eine diplomatische Anerkennung. Dass die internationale Isolierung der DDR lange anhielt, war ebenso ein Ergebnis des Kalten Krieges, aber auch der Wirtschaftsstärke Westdeutschlands, denn im Falle der Anerkennung der DDR durch einen Staat der Dritten Welt musste dieser Staat damit rechnen, dass die Wirtschaftshilfe aus Bonn reduziert wurde.

Die DDR wiederum war bestrebt, eine internationale Anerkennung nicht nur durch Staaten des Warschauer Paktes zu erhalten. Einen Durchbruch brachte die Phase der Entspannungspolitik Anfang der 70er-Jahre. Die **Alleinvertretungsdoktrin** der Bundesrepublik ließ sich nicht mehr durchsetzen. Die meisten Staaten errichteten jetzt Botschaften in Ost-Berlin. Auch die Bundesrepublik näherte sich im Zuge der „**Neuen Ostpolitik**“ ab 1969 einer Anerkennung der Staatlichkeit der DDR, was sich dann 1972 in den deutsch-deutschen Verträgen, besonders im **Grundlagenvertrag**, äußerte.

Jedoch auch hier blieb die Bundesrepublik bei ihrer Position, dass die DDR kein Ausland sei und die DDR-Bürger rechtlich den Westdeutschen gleichgestellt seien. Als Konsequenz erfolgte kein Botschafteraustausch zwischen beiden Staaten, sondern es wurden nur „Ständige Vertretungen“ errichtet. Wirtschaftlich gesehen blieb der Handel zwischen beiden deutschen Staaten „innerdeutscher Handel“. In gewisser Hinsicht wurde die DDR damit Teilhaber der EU und erlangte dadurch mancherlei Vorzüge.

Ein Sonderfall des Deutschlandproblems war bis zur Wiedervereinigung 1990 **Berlin**. Juristisch blieb die Stadt bis 1990 ein Territorium, dessen oberste Regierungsgewalt die Siegermächte des Zweiten Weltkrieges innehatten. Zwar wurden die beiden Stadthälften West- und Ostberlin kulturell, ökonomisch und auch politisch zunehmend in die Bundesrepublik bzw. die DDR integriert; letzte Reste der alliierten Souveränität über die Stadt blieben aber bis 1990 erhalten. So gab es beispielsweise keine direkt gewählten Bundestagsabgeordneten aus West-Berlin, die Wehrpflicht galt nicht und die einzigen Soldaten in West-Berlin waren amerikanische, britische und französische Staatsbürger. Die Kommandanten der drei Westmächte übten die oberste Regierungsgewalt aus. Sie verhandelten in Angelegenheiten, die ganz Berlin betrafen, auch niemals mit DDR-Regierungsstellen, sondern immer mit der sowjetischen Kommandantur.

Der DDR gelang es allerdings zusehends, Ost-Berlin auch juristisch zur „Hauptstadt der DDR“ werden zu lassen. Dies geschah mit Billigung der UdSSR. So wurden ab 1979 die Ostberliner Abgeordneten des DDR-Parlaments direkt gewählt, die DDR-Armee nutzte Ost-Berlin wie andere Städte auch. Die DDR und die UdSSR versuchten immer wieder, das Berlin-Problem auf ein „West-Berlin-Problem“ zu reduzieren. Dies gelang der DDR teilweise, wobei die geopolitische Lage beider Stadtteile der DDR zugute kam: Einerseits die problematische Insellage West-Berlins inmitten der DDR mit leicht zu gefährdenden Verkehrsverbindungen in Richtung Bundesrepublik; andererseits die Zentrallage Ost-Berlins inmitten der DDR.

Die innerdeutschen Beziehungen

1972 Transitabkommen
Rechtssicherheit und zügige Abfertigung von Reisenden und Gütern im Transit mit Berlin (West)

1972 Verkehrsvertrag
Regelung des gegenseitigen Wechsel- und Transitverkehrs

1973 Grundlagenvertrag
- Gegenseitiger Gewaltverzicht
- Unverletzlichkeit der Grenzen
- Beschränkung der Hoheitsgewalt auf das jeweils eigene Staatsgebiet
- Austausch ständiger Vertretungen
- Regelung praktischer und humanitärer Fragen
- Entwicklung des innerdeutschen Handels
- Zusammenarbeit auf den Gebieten der Wissenschaft und Technik, des Gesundheits- und Verkehrswesens

1973 UNO-Beitritt
beider deutschen Staaten

1974 Ständige Vertretungen
nehmen ihre Arbeit auf

1978 Grenzprotokoll

1979 Erweiterung des Kleinen Grenzverkehrs

1976 Postabkommen

1975 bis 1988 Verkehrsvereinbarungen
Ausbau und Neubau der Transitwege zwischen Bundesgebiet und Berlin, Transitpauschale

1986 Kulturabkommen

Der Zusammenbruch des sowjetischen Herrschaftssystems und die weltpolitischen Folgen

Der Amtsantritt des neuen Chefs der KPdSU, Michael Gorbatschow, bedeutete ab 1985 nicht nur eine außenpolitische Zäsur, sondern leitete für den gesamten sowjetischen Herrschaftsbereich einen insgesamt friedlich verlaufenden revolutionären Prozess ein, an dessen Ende halb Europa umgestaltet wurde.

Der Sozialismus, wie er ab 1917 in der Sowjetunion und ab 1945/48 in Mittel- und Osteuropa herrschte, verschwand. Die Ursachen für diese Veränderungen lagen in den Problemen des Sowjetsystems selbst. Nicht etwa ein Krieg oder die von der UdSSR stets als „aggressiv" bezeichnete NATO waren Verursacher der Revolution. Das planwirtschaftliche System entsprach immer weniger den Bedürfnissen des Staates und seiner Bewohner. Es war kaum effektiv, passte sich neuen Entwicklungen wenig an und versorgte die Menschen immer schlechter mit lebensnotwendigen Gütern. Der Lebensstandard näherte sich dem Niveau von Entwicklungsländern. Die Schwächen des ökonomischen Systems beeinflussten sehr stark andere gesellschaftliche Bereiche. Im Gesundheitswesen sowie in der Sozial- und Bildungspolitik ließen sich viele elementare Erfordernisse nicht mehr erfüllen.

Das politische System war in der Herrschaft der Kommunistischen Partei erstarrt. Flexibilität, offene Diskussionen und freie Entfaltung von Individuen, Betrieben und großen Organisationen fehlten. Stattdessen beherrschten Korruption, Misswirtschaft und Inkompetenz das Leben in vielen Bereichen.

Diese Grundprobleme reduzierten bald auch die äußere Handlungsfähigkeit der UdSSR. Die Rote Armee wurde zunehmend ein „Koloss auf tönernen Füßen", die Finanzierung der Armee, die technische Modernisierung von Waffen und Gerätschaften sowie von militärischen Operationen gelang kaum noch.

Die von Gorbatschow verbreiteten politischen Ideen, die mit den Schlagworten **„Glasnost"** und **„Perestrojka"** verbunden sind, fielen daher auf fruchtbaren Boden; es fehlten aber klare Ziele für die Umgestaltung von Lenins Sozialismus in Richtung Marktwirtschaft. Durch dieses Ziel- und Führungsvakuum wurden die im Keim bereits vorhandenen Umgestaltungsprozesse im gesamten Ostblock enorm beschleunigt, aber auch regionalisiert. Gorbatschow konnte oder wollte diese Prozesse kaum noch steuern. In allen mittel- und osteuropäischen Staaten wechselten die politischen und wirtschaftlichen Systeme.

Vorreiter bei diesen Wandlungen innerhalb des Ostblocks waren **Polen**, **Ungarn** und die **Tschechoslowakei**. Durch Einbeziehung der oppositionellen Kräfte an sogenannten „Runden Tischen" gelang ein friedlicher Übergang zu demokratischen Verhältnissen. Schließlich wurden durch normale demokratische Wahlen in den Jahren 1989/90 die bisher unterdrückten Gruppen zu leitenden Kräften ihrer Staaten.

In **Polen** wurde der Führer der **Solidarnošč**, Lech Walesa, zum Staatspräsidenten, in der **Tschechoslowakei** der Schriftsteller Václav Havel und in **Ungarn** stellte nach freien Parlamentswahlen ein Bündnis aus bürgerlichen Parteien die Mehrheit. Die bisher herrschenden kommunistischen Parteien lösten sich auf oder wurden sozialistische Parteien.

Langsamer und weniger durchgreifend verliefen die Veränderungen zunächst in **Rumänien, Bulgarien und Albanien**. Dort blieben die alten Strukturen und Machtverhältnisse etwas länger bestehen, wandelten sich Anfang der 90er-Jahre aber ebenfalls in Richtung parlamentarische Demokratie.

Bedeutsamer in ihren Auswirkungen gestalteten sich die **demokratische Revolution in der DDR**. Nach einer kurzen Phase, in der das Volk vor allem demokratische Reformen verlangte (Parole: Wir sind *das* Volk), folgte schon Ende 1989 die nationale Komponente nach (Wir sind *ein* Volk), sodass ab Anfang 1990 nicht mehr die Frage des „Ob" einer Wiedervereinigung, sondern nur noch das „Wie" und „Wann" diskutiert wurden. Die Daten 9. 11. 1989 – die Öffnung der Mauer – und 18. 3. 1990 – freie Wahlen zur Volkskammer der DDR – symbolisieren diese Entwicklung sehr deutlich.

Für die beiden deutschen Staaten, besonders für die hier federführende Bundesrepublik Deutschland, galt es nunmehr, diese Entwicklung auch international abzusichern. Vor dem Tag der deutschen Einheit (3. 10. 1990) gelang es, durch einen Deutschlandvertrag zwischen den beiden deutschen Staaten und den vier Siegermächten (2+4-Vertrag) die endgültige Souveränität für ganz Deutschland zu erreichen. Die DDR trat der Bundesrepublik bei und wurde dadurch EU- und NATO-Gebiet. Gleichzeitig erkannte das vereinigte Deutschland die Oder-Neiße-Linie als endgültige polnische Westgrenze an, um Befürchtungen auf weitergehende deutsche Gebietsansprüche entgegenzutreten.

Im Zusammenhang mit diesen revolutionären Umgestaltungen verloren auch der Warschauer Pakt und der RGW ihre Funktionen. Folglich wurden beide 1990/91 durch die beteiligten Staaten aufgelöst. Schließlich löste sich Ende 1991 die Sowjetunion auf. Die bisherigen 15 Sowjetrepubliken wurden in ihren Grenzen zu souveränen Staaten, wobei die drei baltischen Staaten Estland, Lettland und Litauen besonders intensiv auf eine Loslösung von der UdSSR hingearbeitet hatten.

Somit kann man die Zeit von 1989 bis 1991 als eine historische Wendemarke der europäischen sowie der Weltpolitik ansehen. Die Bipolarität ging zu Ende. Die atlantischen und (bisher) westeuropäischen Vereinigungen überlebten den Kalten Krieg. Durch den Zusammenbruch des Sowjetkommunismus entstand in Mittel- und Osteuropa eine völlig neue Staatenstruktur. Weltpolitisch blieben die USA die einzige global handelnde Supermacht.

Demokratische Revolution in Osteuropa 1989	
DDR	Massenflucht von DDR-Bürgern (ab Aug./Sept.); Großdemonstrationen (ab Okt.); Sturz Erich Honeckers (18. 10.); Öffnung der innerdeutschen Grenze (9. 11.); Übergangsregierung Modrow (17. 11.); Führende Rolle der SED aus der Verfassung gestrichen (1. 12.); Bildung neuer Parteien
Polen	Reformvereinbarungen am „Runden Tisch" (5. 4.); teilweise freie Wahlen (4. 6.); Allparteien-Regierung unter Führung der „Solidarität" (ab 12. 8.)
Tschechoslowakei	Demonstrationen (ab 17. 11.); Rücktritt der KP-Führung (24. 11.); Führende Rolle der KP aufgehoben (29. 11.); Regierung der „nationalen Verständigung" (10. 12.); Václav Havel wird Präsident (29. 12.)
Ungarn	Reform-Mehrheit in der Führung der herrschenden USAP (24. 6.); Auflösung der Partei (7. 10.); Öffnung der Westgrenze (10. 9.); Verfassungsänderungen: Mehrparteiendemokratie, Marktwirtschaft
Rumänien	Volkserhebung nach Massaker in Temesvar (16. 12.); Sicherheitstruppen nach blutigen Kämpfen von Armee und Bürgern überwunden; Hinrichtung Ceausescus (25. 12.); „Front der nationalen Rettung" übernimmt Regierung (26. 12.)
Jugoslawien	Krise der jugoslawischen Föderation; Verfassungsänderung in Slowenien (Selbstbestimmung der Teilrepubliken, Aufgabe des Führungsanspruchs der KP, freie Wahlen) (27. 9.) löst Konflikt mit Serbien aus
Bulgarien	Zaghafte Reformansätze nach KP-Führungswechsel (10. 11.); nach Massendemonstrationen Zusage freier Wahlen und Aufgabe des Führungsanspruchs der KP (11. 12.)

Zusammenfassung

Die Zeit nach dem Zweiten Weltkrieg bis 1989/90 gilt als Epoche des Kalten Krieges zwischen dem Westen mit seiner Vormacht USA und dem Osten mit seiner Vormacht Sowjetunion. Die meisten anderen Staaten ordneten sich in dieser bipolaren Welt einer der beiden Seiten zu. Die Periode des Kalten Krieges war zumeist eine Zeit der scharfen Auseinandersetzungen zwischen Ost und West. Die Militärbündnisse NATO und Warschauer Pakt wurden zu den äußeren Erkennungsmerkmalen der Bipolarität. Beide Militärblöcke betrieben eine nie da gewesene Hochrüstung mit konventionellen und atomaren Waffen. Mehrfach gab es schwere Konflikte zwischen Ost und West, die einen „heißen" Krieg als möglich erscheinen ließen. Seit den 70er-Jahren entspannte sich das Ost-West-Verhältnis, was besonders im KSZE-Prozess deutlich wurde. Die beiden deutschen Staaten, Produkte der Bipolarität, ordneten sich den jeweiligen Blöcken zu und entwickelten sich zusehends zu wichtigen Partnern ihrer Vormächte.

In der Dritten Welt wurden die bisherigen Kolonien, zumeist in Afrika gelegen, unabhängig. Die neuen Staaten wurden teilweise in den Sog des Ost-West-Konfliktes hineingezogen, was z. T. heftige innere Auseinandersetzungen zur Folge hatte.

Ab Mitte der 80er-Jahre leitete der sowjetische Parteichef Gorbatschow eine politische Liberalisierung in der UdSSR ein. Diese ließ die innere ökonomische und politische Schwäche der UdSSR deutlich werden. Die Sowjetunion verlor jegliche Kraft, ihr bisheriges inneres und äußeres System aufrechtzuerhalten. Im Ergebnis führte dies zu einem neuen Staats- und Gesellschaftssystem in Mittel- und Osteuropa und Deutschland wurde schließlich wieder zu einem Staat. Warschauer Pakt und RGW verschwanden. Die UdSSR löste sich in 15 einzelne Staaten auf.

Probleme und Strukturen seit 1990

Europa zwischen Stabilität, Instabilität und Neustrukturierung

Die Entwicklung der Europäischen Union

Fragte man junge Leute vor 1990, was sie unter dem Begriff „Europa" verstehen, lauteten viele Antworten sinngemäß: Die Europäische Union (EU). Die Staaten östlich der EU gehörten für viele kaum noch zu Europa. Gleichermaßen wurde der Begriff „Mitteleuropa" nur selten mit Inhalt gefüllt. Polen, Tschechien, die Slowakei und Ungarn, zu Mitteleuropa gehörig wie Deutschland und die Alpenländer, zählten für viele selbstverständlich zu Osteuropa. Die Antworten sind in mehrfacher Hinsicht aufschlussreich. Einerseits wirkt sich die über 40-jährige Zugehörigkeit der meisten Deutschen zum „Westen" aus, andererseits die Bipolarität, die nur zwischen „Westen" und „Osten" unterscheidet, wobei der „Westen" positiv, der „Osten" negativ gesehen wird. Ferner wird die ungebrochene Attraktivität der EU trotz aller kritischen Einwände deutlich. Es zeigt auch, dass die EU-Zugehörigkeit letztlich auf Freiwilligkeit und innerer Zustimmung basiert. Ein grundsätzlicheres Problem liegt jedoch in der Frage, was überhaupt unter „Europa" zu verstehen ist und welche Gebiete folglich die EU umfassen sollte. Eine Beantwortung, v. a. der Gebietsfrage, hat erhebliche politische Auswirkungen, ganz gleich, wie die Antwort ausfällt.

Unstrittig ist, dass neben den alten 15 EU-Staaten die östlich und südöstlich anschließenden Länder dazugehören. Dabei geht es um die drei baltischen Staaten Estland, Lettland, Litauen; ferner um Polen, Tschechien, die Slowakei, Ungarn, Slowenien und die Mittelmeerinseln Malta und (das griechische) Zypern. Diese zehn Staaten traten 2004 der EU bei (**Osterweiterung**). Im Januar 2007 vollzogen Rumänien und Bulgarien den gleichen Schritt. Eine Beitrittsperspektive hat die EU auch der Türkei eröffnet, jedoch ohne sich auf einen konkreten Zeitrahmen festzulegen, weil eine türkische EU-Mitgliedschaft erhebliche innere Veränderungen in der Türkei erforderte und bedeutende außenpolitische Implikationen mit sich brächte. Beispielsweise hätte dann die EU eine Außengrenze mit dem Irak.

Eine Beitrittsperspektive soll es auch für die Balkanstaaten Kroatien, Bosnien-Herzegowina, Serbien, Montenegro und Albanien geben, wobei bisher nur Kroatien mit einem rascheren EU-Beitritt rechnen kann, da die anderen

Staaten wirtschaftlich und politisch zu instabil und wenig entwickelt sind. Weißrussland, die Ukraine, Moldawien und Russland gelten auf absehbare Zeit nicht als mögliche EU-Mitglieder. Ihre Strukturen in wirtschaftlicher und politischer Hinsicht sind aus EU-Sicht nicht vereinbar mit den EU-Standards. Besonders eine Mitgliedschaft Russlands würde den Charakter der EU fundamental verändern, reichte dann die EU bis ins Innere Asiens und an den Pazifik.

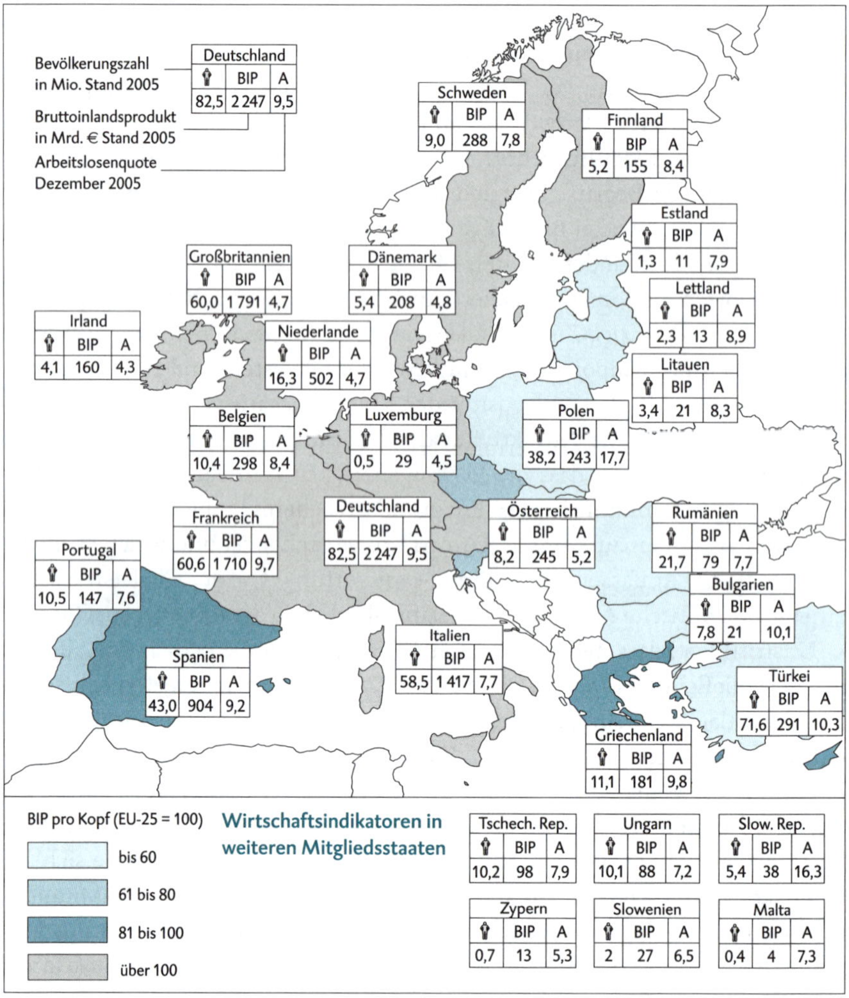

Die Geschichte der EU lässt sich nach dem eben Ausgeführten auch als eine der **Erweiterung** auffassen. Ursprünglich 1957 als **Europäische Wirtschaftsgemeinschaft (EWG)** durch Frankreich, die Niederlande, Belgien, Italien,

Luxemburg und (West-)Deutschland gegründet, erfolgte 1973 eine erste Ausweitung um Großbritannien, Irland und Dänemark. Es folgten 1981 Griechenland sowie 1986 Spanien und Portugal (**sog. Süderweiterung**). Nach dem Ende des Ost-West-Konflikts konnten 1995 die bis dahin neutralen Staaten Österreich, Schweden und Finnland (**Norderweiterung**) der EU beitreten, was die UdSSR zuvor als einen feindlichen Akt betrachtet hätte.

Seit Januar 2007 umfasst die EU 27 Staaten mit einer Einwohnerzahl von ca. 490 Mio. Damit bildet die EU den größten Wirtschaftsblock der Erde, noch deutlich vor den USA. Etwas mehr als ein Viertel der Weltwirtschaftsleistung entfällt auf die EU. Diese verteilt sich jedoch innerhalb der EU sehr unterschiedlich. Gegenwärtig liegen die nord-, west- und mitteleuropäischen EU-Staaten (außer ab 2004 beigetretene Länder) in ihrem Bruttoinlandsprodukt (BIP) pro Einwohner deutlich vor den südlichen EU-Staaten, sodass sich insgesamt ein **Nord-Süd-Gefälle** in der EU ergibt. Hinzu kommt seit 2004 ein noch extremeres **West-Ost-Gefälle,** denn die neuen EU-Staaten erreichen oft kaum 50 % des EU-Durchschnitts beim BIP pro Kopf, wobei Malta und Zypern deutlich nach oben abweichen. Weitere wirtschaftliche Unterschiede bestehen innerhalb einzelner EU-Staaten, z. B. in Deutschland zwischen den alten und neuen Bundesländern, zwischen Nord- und Süditalien oder hauptstädtischen Regionen und Peripherien in Frankreich, Irland, Spanien oder Portugal. Hinzu kommt, dass die südlichen und besonders die neuen EU-Staaten stärker agrarisch geprägt sind als die nördlichen.
Wichtig zum Verständnis der EU ist auch die unterschiedliche **Bevölkerungsverteilung**. In Deutschland leben ca. 82 Mio. Menschen, in Italien, Frankreich und Großbritannien 57 bis 60 Mio., in Spanien und Polen fast 40 Mio., in den Niederlanden 15 Mio. Weitere Staaten wie Belgien, Griechenland, Österreich, Portugal, Schweden, Bulgarien, Tschechien, Ungarn haben 8 bis 10 Mio. Einwohner. Die Bevölkerungszahlen der anderen Staaten liegen deutlich darunter. Luxemburg und Malta haben mit ca. 0,4 Mio. die geringsten Einwohnerzahlen. Dies wirkt sich u. a. auf das Gewicht der Staaten in den EU-Institutionen aus.

Um die Funktionsweise der EU zu erläutern, kann man von der klassischen Lehre von den **drei Gewalten nach Montesquieu** ausgehen: Legislative, Exekutive und Judikative sollen unabhängig voneinander agieren und sich gegenseitig kontrollieren (System der *checks and balances*; der Gewichte und Gegengewichte). Auch wenn die Praxis nicht immer dieser Theorie entspricht, funktionieren viele westliche Staaten danach. Alle Organe werden letztlich durch regelmäßige Wahlen seitens der Wahlbürger zum Bundestag legitimiert, deren Abgeordnete auf Zeit für das Volk handeln (Prinzip der repräsentativen Demokratie). In Deutschland stellt sich dieses System folgendermaßen dar:

Gewalt	wichtige Funktionen
Legislative: Bundestag und Bundesrat	• Gesetzgebung • Forum zur Diskussion der Politik • Haushaltskompetenz • Kontrolle der Regierung • Wahl bzw. Abwahl des Kanzlers
Exekutive: Bundesregierung mit Ministerien und Verwaltungen	• Vorbereitung und Ausführung von Gesetzen • Verwaltung des Staates • Information des Parlaments • Repräsentanz des Staates (zusammen mit dem Bundespräsidenten)
Judikative: Oberste Bundesgerichte, v. a. Bundesverfassungsgericht	• Rechtsprechung auf der Basis der Gesetze • Prüfung von Kompetenzen und Gesetzen auf ihre Vereinbarkeit mit der Verfassung

Auf die EU übertragen, bedeutet das derzeit:

Gewalt	wichtige Funktionen
Legislative: Europäisches Parlament; Ministerrat	• überwiegende Kompetenz zur Gesetzgebung beim Ministerrat • wählt die Europäische Kommission • Bestätigung der Kommission durch das Parlament • grundlegende Beschlüsse, starke Position der Staaten • zumeist Mitwirkung des Parlaments, in wenigen Bereichen Mitentscheidung • jedoch öffentliche Diskussion aller EU-Probleme
Exekutive: Europäische Kommission	• Vorbereitung und Ausführung von Gesetzen und Richtlinien • tägliche Verwaltungsarbeit • mit dem Ratspräsidenten Repräsentant der EU
Judikative: Europäischer Gerichtshof	• überwacht die Einhaltung der EU-Verträge und -Gesetze • entscheidet bei Streitigkeiten zwischen Einzelstaaten und der EU

Auf den ersten Blick zeigen sich viele Gemeinsamkeiten bei der Gewaltenteilung zwischen den nationalen deutschen Institutionen und denen der EU. Im Detail gibt es aber deutliche Unterschiede und eine Gewichtsverschiebung in Richtung einer „wirklichen Exekutivgewalt", dem Ministerrat: Die europäischen Wähler bestimmen alle fünf Jahre die Zusammensetzung des **Europäischen Parlaments** (siehe Grafik S. 38). Die Wahlsysteme legen die nationalen Parlamente fest, sodass ähnliche Verfahren gelten wie bei den nationalen Wahlen. Das Europäische Parlament hat darauf keinen Einfluss. Insgesamt werden 732 Abgeordnete gewählt. Hierbei spiegelt sich die Bevölkerungsanzahl im Ansatz wieder, z. B. stammen davon 99 aus Deutschland und sechs aus Luxemburg. Die Organisation des Parlaments ähnelt der der nationalen Parlamente mit Präsident, Fraktionen (länderübergreifend) und Ausschüssen.

Ohne Zustimmung des Parlaments kann weder die EU erweitert noch eine Kommission eingesetzt werden. In weiten Bereichen der EU-Binnenordnung kann das Parlament Änderungen bei Gesetzen verlangen. Es kann ferner die gesamte EU-Politik diskutieren und damit auf Missstände hinweisen. Insgesamt bleibt jedoch das EU-Parlament das schwächste Organ der zentralen EU-Institutionen. Kritiker sprechen deshalb von einem deutlichen Demokratiedefizit der EU, da das Parlament als das für eine Demokratie wesentlichste Organ recht schwach ausgebildet ist.

Deutlich stärker ist der **Ministerrat** der EU, in dem die Fachminister der EU, je nach Politikbereich, zusammenkommen. Der Ministerrat ist hier vergleichbar mit dem deutschen Bundesrat. Alle Staaten werden durch jeweils einen Minister repräsentiert. Die großen vier Nationen haben je 29, das kleinste Land hat drei Stimmen, sodass im Ministerrat insgesamt 321 Stimmen zusammenkommen. Aufgrund der EU-Verträge müssen beispielsweise wenigstens 232 Stimmen abgegeben werden, um eine qualifizierte Mehrheitsentscheidung im Ministerrat herbeizuführen. Nach wie vor liegen die zentralen gesetzgeberischen Kompetenzen beim Rat, sodass damit die nationalen Regierungen die entscheidenden Gesetzgeber der EU sind. In den meisten Fragen entscheidet der Rat mit Mehrheiten; einstimmige Voten bilden seit einigen Jahren eher die Ausnahme. Der Einfluss des Rates ist dadurch begrenzt, dass die Beschlussvorlagen in der Regel von der Europäischen Kommission in den Rat gelangen. Der Rat kann nur einstimmig über diese Vorschläge hinweggehen.

Insgesamt verfügt der Rat damit über eine Machtfülle, die deutlich über die des deutschen Bundesrates hinausgeht. In vielen, meist grundsätzlichen Fragen erwies sich der Ministerrat als entscheidungsunfähig. Daher existiert seit 1975 sozusagen als „Superrat" der **Europäische Rat**. Ihm gehören die EU-

Staats- bzw. Regierungschefs an. Der Europäische Rat tagt zweimal pro Halbjahr und entscheidet wesentliche Fragen der EU-Innen- und Außenpolitik.

Vertreten der Ministerrat und der Europäische Rat vielfach die Interessen der Nationalstaaten, so soll die **Europäische Kommission** die Gemeinschaftsinteressen wahren. Die 25 Mitglieder der Kommission (1 Mitglied pro Staat) werden von den nationalen Regierungen für fünf Jahre ernannt und müssen dann vom Europäischen Parlament bestätigt werden. Hierin liegt ein Ansatz zur demokratischen Kontrolle der „EU-Regierung" durch das EU-Parlament. Die Europäische Kommission, der ein differenzierter und vielfältiger Beamtenapparat zur Verfügung steht, arbeitet Vorschläge für Gesetze und Richtlinien aus und führt die beschlossenen Regelungen durch. Sie ist die Instanz, die am weitesten von nationalen Sonderinteressen entfernt ist.

Letzteres gilt auch für den **Europäischen Gerichtshof**, dessen Richter zwar aus den einzelnen EU-Staaten stammen, jedoch unabhängig von anderen Gremien Recht sprechen, indem sie das vorhandene europäische Recht anwenden und auslegen. Solche Gerichtsentscheide sind verbindlich und müssen in den einzelnen Staaten umgesetzt werden.

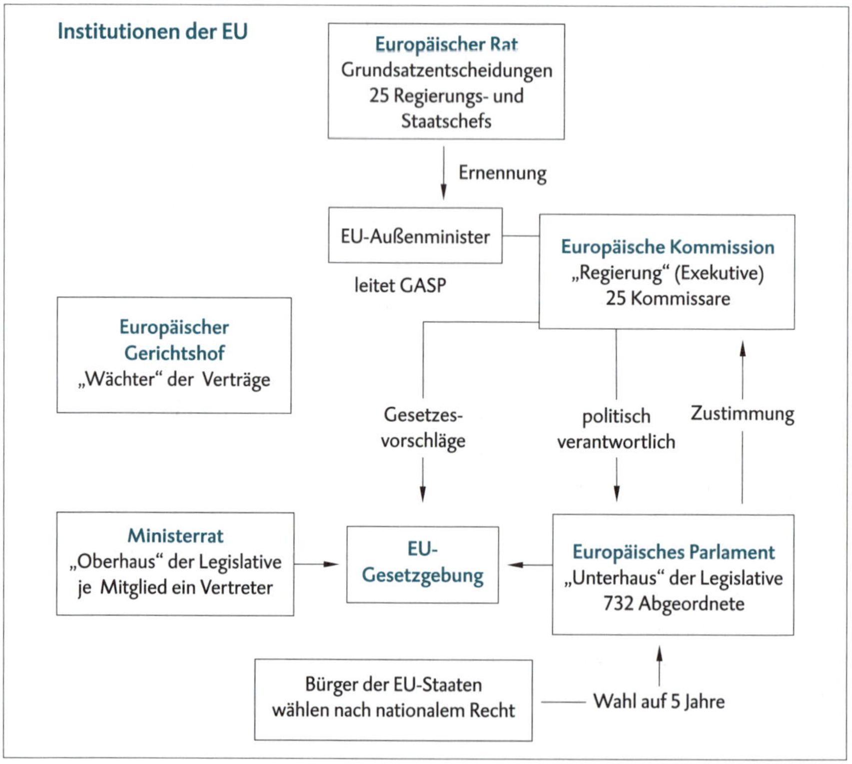

Die Bundesrepublik Deutschland ist ein föderalistisches Staatswesen, in dem die Bundesländer ihre eigene gesicherte Rolle spielen, in dem aber auch gilt, dass „Bundesrecht Landesrecht bricht", um die Gesamtstaatlichkeit zu wahren. Ansätze hierzu gibt es auch in der EU. Betrachtet man die Bereiche, in denen die EU handelt, so zeigen sich drei Politikkomplexe, die **drei Säulen,** mit unterschiedlicher Gemeinschaftsausrichtung.

Die **erste Säule** betrifft die Bereiche, aus denen die EWG/EG bestand bzw. besteht: Weite Bereiche der **Wirtschafts-, Handels-, Umwelt-, Sozial-** und auch **Bildungspolitik,** mit der aus der EU eine eng verzahnte Wirtschafts- und Währungsunion geworden ist bzw. noch werden soll. Den vorläufigen Höhepunkt dieses Prozesses bildete die Einführung der **Gemeinschaftswährung EURO,** der seit dem 1. Januar 2002 in zwölf EU-Staaten sowie ab 2007 in Slowenien (Ausnahmen: Großbritannien, Dänemark, Schweden sowie die 2004 beigetretenen Staaten) die nationalen Währungen abgelöst hat. Das Entscheidungsverfahren im Bereich dieser Säule ist teilweise langwierig und bezieht die Exekutive sowie die beiden Kammern der Legislative mit ein. Die verabschiedeten Regelungen stellen bindendes Recht in allen EU-Staaten dar und stehen z. B. bei Lebensmittelvorschriften, Umweltauflagen, Handels- und Wettbewerbsvorschriften oder der Agrarpolitik über nationalem Recht. Hier haben nationale Vorschriften nur noch nachrangige Bedeutung.

Bei den **beiden anderen Säulen,** der **Außen- und Verteidigungspolitik** sowie der **Innen- und Rechtspolitik,** wirken zwar sowohl die Kommission als auch das Parlament mit, wesentlich ist hier aber die Zusammenarbeit der EU-Regierungen, die über ihre Fachminister gemeinschaftliche Regelungen herbeiführen und so die EU in diesen Politikfeldern weiter zusammenführen wollen. Die juristische Grundlage für die genannten Institutionen und die Säulen der Zusammenarbeit bilden neben früheren Regelungen wie den Römischen Verträgen von 1957 der Vertrag von Maastricht aus dem Jahre 1992 und der Vertrag von Amsterdam aus dem Jahre 1997.

Seitdem 1951 der Prozess der europäischen Einigung begann, gab es viele Rückschläge, der EU-Raum rückte jedoch immer enger zusammen. Die EU bestimmt inzwischen viele Politikfelder und ist ein großer freier Wirtschaftsraum mit vielen Chancen für Unternehmen, Arbeitnehmer und Konsumenten. Die Parole Ludwig Erhards vom „Wohlstand für alle" gilt für die gesamte EU, trotz regionaler Unterschiede. Die EU-Staaten sind so eng verzahnt, dass ein Krieg zwischen ihnen undenkbar erscheint. Im Zusammenwirken mit der NATO ist die EU von außen unangreifbar, sodass das EU-Europa als ein Bereich gesicherten Friedens angesehen werden kann. Trotz dieser unbestreitbaren Erfolge bleiben einige wesentliche **Probleme:**

- Welche Politikbereiche sollen durch die EU und welche weiterhin durch die Nationalstaaten geregelt werden?
- Wie können Entscheidungsprozesse stärker demokratisiert und die Rolle nationaler Regierungen und der EU-Bürokratie zurückgedrängt werden?
- Wie gelingt es, die einzelnen EU-Gewalten handlungsfähig zu halten, auch wenn immer mehr Staaten der EU beitreten?
- Wie unterschiedlich dürfen die Lebensverhältnisse in einer sich integrierenden EU sein?
- Gelingt es, die neue Währung zu einem Symbol der Gemeinschaft und gleichzeitig zu einem Mittel für Stabilität und Wohlstand zu entwickeln?

Staatsrechtlich ließe sich auch die Kernfrage stellen, ob sich die EU zu einem voll entwickelten föderalistischen Staatswesen, etwa nach dem Vorbild der USA zur **EU als Vereinigte Staaten von Europa** entwickeln oder ob sie eher ein Staatenbund oder aber etwas völlig Neues werden sollte. Der Zustand eines losen Staatenbundes – wie der „Deutsche Bund" von 1815 bis 1866 als lockerer Zusammenschluss souveräner Staaten – ist bereits überschritten, denn die integrativen und bundesstaatlichen Elemente sind sehr stark.

Antworten auf die vielen Fragen zur Zukunft der EU haben sowohl die verschiedenen europäischen Institutionen in Ansätzen gegeben als auch der **Konvent der EU**, der in den Jahren 2002 und 2003 den Entwurf für eine **europäische Verfassung** ausgearbeitet hat. In dem Konvent versuchten Parlamentarier aus den EU- und Beitrittsstaaten sowie Regierungsvertreter der nationalen und EU-Behörden unter dem Vorsitz des ehemaligen französischen Staatspräsidenten **Valérie Giscard d'Estaing**, einen Konsens über die genannten Fragen zu erzielen. In dem Verfassungsentwurf finden sich Grundrechtsformulierungen und Aussagen über die europäischen Institutionen und deren Kompetenzen. Sollten diese Empfehlungen europäisches Recht werden, wäre ein weiterer Schritt in Richtung europäische Integration geleistet. Die EU erhielte ein klareres institutionelles Gerüst, die Rechte des Parlaments würden gestärkt und die Kompetenzen von Einzelstaaten und EU deutlicher beschrieben – die EU würde nach außen zunehmend wie ein souveräner Staat auftreten.

Anfang 2006 hatte mehr als die Hälfte der 25 EU-Staaten den Verfassungsentwurf durch die jeweiligen Parlamente oder durch Volksabstimmungen ratifiziert. Die Wähler in Frankreich und den Niederlanden lehnten den Text hingegen ab. Damit kann die geplante Verfassung zumindest so nicht rechtskräftig werden, da alle Staaten das Werk ratifizieren müssen. Die Zukunft der EU bleibt diesbezüglich ungewiss.

Der Beitritt von zwölf Staaten Mittel- und Mittelosteuropas bringt für die EU nicht nur institutionelle Veränderungen mit sich (mehr Abgeordnete, Änderungen im Ministerrat und in der Kommission). Gravierender sind die wirtschaftlichen Aspekte. Zumeist handelt es sich bei den neuen EU-Mitgliedern um Staaten, die bis 1990 im Rahmen des sowjetisch dominierten RGW eine wenig effektive sozialistische Wirtschaft unter staatlicher Planung praktizierten, was bis heute immer noch erhebliche Umstellungsprobleme mit sich bringt. Dies betrifft nicht nur die vollständige Errichtung marktwirtschaftlicher Strukturen und Verhaltensweisen bei Unternehmen und Individuen. Es bedeutet auch, dass Tausende von EU-Rechtsvorschriften in kurzer Zeit auf die neuen EU-Mitglieder übertragen werden müssen. Auf der anderen Seite werden sich auch die „alten" 15 EU-Staaten umstellen müssen. Denn die neuen EU-Mitglieder benötigen vielfältige finanzielle und andere Aufbauhilfen, um die Lebensverhältnisse zu verbessern. In diesem Kontext spielen die Agrarpolitik, die Freizügigkeit für Menschen und Kapital sowie die Strukturpolitik für die neuen EU-Länder eine große Rolle.

Die Bedeutung der EU zeigt sich in den politischen und wirtschaftlichen Beziehungen der EU zu verschiedenen Staatengruppen innerhalb und außerhalb Europas. In die Dritte Welt hinein wirken die Abkommen der EU mit den **AKP-Staaten** (Staaten aus **A**frika, der **K**aribik und dem **P**azifik). Hierbei handelt es sich um mittlerweile 69 Staaten, zumeist in Afrika südlich der Sahara liegend und als ehemalige Kolonien mit EU-Staaten noch eng verbunden. Die EU unterstützte durch ca. 15 Mrd. Euro zwischen 2000 und 2007 die AKP-Staaten, indem Importzölle gesenkt, Mindestpreise für Importe garantiert sowie technische und infrastrukturelle Hilfen geleistet wurden.

In Europa hat die EU über das Abkommen **EWR** (Europäischer Wirtschaftsraum) sowie Assoziierungsabkommen weitere Partner gefunden und an sich gebunden. Zum EWR zählen seit dem 1. 1. 1993 die EU und die EFTA, die seit 1995 nur noch aus Norwegen, Island und der Schweiz besteht. Zwischen der EU und der EFTA werden immer engere wirtschaftliche Beziehungen geknüpft und die drei EFTA-Staaten gleichen viele eigene Vorschriften dem EU-Recht an, sodass sie als halbe EU-Mitglieder gelten, jedoch ohne an den EU-Entscheidungsprozessen und vielen EU-Verpflichtungen beteiligt zu sein.

Russland

Ende 1991 löste sich die Sowjetunion auf. Diese Auflösung ist ein bislang einmaliger Vorgang in der Weltgeschichte. Ein Riesenreich, zeitweilig so stark wie die USA, verschwand von der politischen Landkarte. Entlang der bisher für bedeutungslos gehaltenen innersowjetischen Grenzen zwischen den 15 Sowjetrepubliken verliefen plötzlich internationale Grenzen. 15 neue Staaten existieren seit dem 1. 1. 1992. Dadurch wurde deutlicher denn je, dass die ehemalige UdSSR ein Vielvölkerstaat mit der dominanten russischen Nation war, die in allen Republiken/Staaten eine wichtige Rolle innehatte. Russisch galt als Verständigungssprache in der gesamten UdSSR. Bis auf die drei baltischen Staaten schlossen sich die anderen 12 Staaten ab 1992 zur **Gemeinschaft Unabhängiger Staaten** (GUS) zusammen, einer bislang aber kaum funktionierenden Konföderation.

In den mittelasiatischen Staaten **Kasachstan**, **Usbekistan**, **Turkmenistan**, **Kirgisistan** und **Tadschikistan** leben überwiegend Turkvölker, die sich wieder stärker am Islam orientieren. Zwar sehen sie in Russland weiterhin einen führenden Staat, wenden sich jedoch zunehmend der Türkei bzw. dem Iran zu, teilweise auch den USA. Die kaukasischen Staaten **Georgien**, **Armenien** (beide christlich) und **Aserbeidschan** (muslimisch) suchen noch ihre neue Position in der internationalen Politik, möchten aber auch von Russland unabhängiger werden. Es bleiben als slawische Brudernationen **Russen**, **Ukrainer** und **Weiß-**

russen, von denen nur die Weißrussen für eine enge Bindung an Russland eintreten, während die Ukraine sich innerlich unentschieden verhält, ihre Kontakte Richtung Europa jedoch verstärken möchte. Auch das überwiegend rumänischsprachige Moldawien möchte keine enge Bindung an Russland beibehalten. Die drei baltischen Staaten **Estland**, **Lettland** und **Litauen** wandten sich gänzlich von Russland ab und dem Westen zu.

In Russland selbst, das sich als Staat **Russländische Föderation** nennt, leben zahlreiche Völker, teilweise in Form autonomer Republiken oder Bezirke. Betrachtet man die heutigen russischen Grenzen unter dem Gesichtspunkt russischer und sowjetischer Geschichte, so ist das heutige Russland wieder auf jene Gebiete reduziert, die schon Peter I. (der Große) beherrschte.

Millionen Russen, bis 1991 UdSSR-Bürger, leben jetzt als Ausländer in den Nachfolgestaaten der UdSSR und stellen dort je eine bedeutende ethnische Minderheit von teilweise 30–40 % der Gesamtbevölkerung. Dies führt in den neuen Staaten zu erheblichen Spannungen mit Russland als „Schutzmacht" für „seine" Volksangehörigen. Teilweise wollen die Staaten – wie Estland oder Lettland – ihrer russischen Bevölkerung die neue Staatsbürgerschaft erst zuerkennen, wenn sie die Sprache der Staatsnation sicher beherrschen.

Der Zerfall der UdSSR muss sich aus russischer Sicht als ein tiefer Sturz von der Position der zweiten gleichberechtigten Weltmacht in die Lage einer „amputierten", nur noch beschränkt handlungsfähigen Großmacht darstellen. Folglich betrieb Russland zunächst eine Politik, die verhindern wollte, dass sich Staaten des ehemaligen Sowjetblocks von ihm abwenden und westlichen Organisationen wie der NATO oder der EU anschließen. Wehrte sich die alte UdSSR noch schwach dagegen, dass die ehemalige DDR durch die deutsche Wiedervereinigung NATO- und EU-Gebiet wurde, so protestierte Russland Anfang der 90er-Jahre scharf gegen das Bestreben, die NATO um die früheren Warschauer-Pakt-Mitglieder Polen, Tschechien, Ungarn oder gar um die baltischen Staaten nach Osten zu erweitern. Mittlerweile hat die russische Führung unter **Wladimir Putin**, Präsident seit 2000, die Ostausdehnung von EU und NATO akzeptiert. 1999 traten Polen, Tschechien und Ungarn der NATO bei. Die baltischen Staaten, die Slowakei und Slowenien vollzogen diesen Schritt im Jahre 2004. Russland ist durch den **NATO-Russland-Kooperationsrat** enger mit dem westlichen Bündnis verbunden.

Das Ende der UdSSR und dessen Folgen beeinträchtigen die innere und äußere Handlungsfähigkeit Russlands erheblich. Dies lässt sich an einigen Hauptproblemen verdeutlichen. Nicht nur die UdSSR war, sondern Russland selbst ist ein Vielvölkerstaat, dessen einzelne Völker sich mehr oder weniger von der russischen Zentralgewalt in Moskau lösen wollen. Ganz deutlich wurde dies durch die andauernden Unabhängigkeitsbestrebungen der Tschetschenen, deren Höhepunkt Anfang der 90er-Jahre des 20. Jahrhunderts ein Unabhängigkeitskrieg war. Russland duldete jedoch keine Abspaltungen von seinem Gebiet. Trotzdem bleibt der aufkeimende Nationalismus der Völker für Russland ein wesentliches Problem seiner inneren Verfassung.

Noch schwerer aber wog seit 1991 der **Niedergang der russischen Wirtschaft**. Es gelang nicht, die zusammenbrechende Sowjetwirtschaft schnell durch ein funktionierendes marktwirtschaftliches und sozialverträgliches System zu ersetzen. Die 90er-Jahre bedeuteten für die russische Wirtschaft einen enormen Rückgang der Produktion, hohe Inflation, stark sinkende Masseneinkommen, den Zusammenbruch maroder Staatsbetriebe, das Fortbestehen einer korrupten und ineffektiven Bürokratie sowie die Ausdehnung mafioser Strukturen mit der Folge eines nahen Zusammenbruchs des Finanzsystems.

Die Krise der Wirtschaft beeinträchtigte das staatliche Handeln in hohem Maße, da der Staat keine Löhne auszahlen konnte. Die einst stolze **Rote Armee** war aufgrund finanzieller Engpässe kaum noch handlungsfähig. Die Ausrüstung war veraltet, Offiziere und Mannschaften demotiviert, desertierten teilweise und mussten ihren Lebensunterhalt anderweitig sichern. Die Privatisierung der Industrie und der Landwirtschaft kam kaum voran; Ausländer zögerten, in Russland zu investieren. Hinzu kam eine schwelende politische Krise. Der nach der Verfassung starke Präsident Boris Jelzin war nur begrenzt handlungsfähig. Jelzin war eine Verkörperung des neuen, demokratischen Russland. Doch er und die beiden Parlamentskammern, besonders die Duma, die eigentliche Volksvertretung, blockierten sich häufig, zumal Kommunisten und extreme Nationalisten die Mehrheit stellten und wichtige Reformen verhinderten.

Seit der Präsidentschaft Putins hat sich die innere Lage Russlands deutlich stabilisiert. Das Bruttoinlandsprodukt wächst, allerdings von einem sehr niedrigen Ausgangsniveau. Die Verteilung des Volkseinkommens bleibt aber weiterhin sehr problematisch. Es gibt eine neue, jedoch sehr kleine reiche Oberschicht, wohingegen die Masse des Volkes arm geblieben ist. Die Unterschiede innerhalb des Landes nehmen zu, z. B. zwischen den boomenden Großstädten wie Moskau und St. Petersburg und den ländlichen Gebieten. Die unter Jelzin vorsichtig vollzogene Dezentralisierung und Regionalisierung des Landes wurde unter Putin zugunsten zentraler Herrschaftsausübung zurückgenommen. Die Duma, politische Parteien und freie Medien spielen eine kleinere Rolle als in den 90er-Jahren, der Präsident ist unumstritten das Zentrum russischer Politik. Das System wurde auf ihn zugeschnitten. Wesentliche politische Rechte wurden faktisch beschnitten. Putin spricht in diesem Kontext von „**gelenkter Demokratie**“.

Ostmittel- und Südosteuropa

Gegenüber Russland, der Ukraine und Weißrussland heben sich die Staaten zwischen Estland im Norden und Bulgarien im Süden in wirtschaftlicher und politischer Hinsicht fast alle positiv ab. Dies gilt insbesondere für die drei baltischen Staaten Estland, Lettland und Litauen sowie für Polen, Tschechien, die Slowakei und Ungarn (1. Staatengruppe), weniger allerdings für Rumänien, Bulgarien und vor allem für Albanien (2. Staatengruppe).

In der bisher überwiegend staatseigenen Wirtschaft gingen viele Betriebe in Konkurs. Dies hatte verschiedene Ursachen. Bis 1989/90 waren die Betriebe in die staatliche und in die RGW-Wirtschaftsplanung eingebunden. Die Inhalte ihrer Produktion, die Lohngestaltung und die Preise wurden weitgehend staatlich festgelegt. Eine Produktion für die Bedürfnisse des Marktes und eine größere Eigenverantwortlichkeit der Betriebe fehlten. Dieses System wurde ab 1990/91 oft übergangslos durch die Marktwirtschaft ersetzt. Hierfür mangelte es an wichtigen Voraussetzungen wie erfahrenen Betriebsleitern, der Einstellung der Arbeiter zum Betrieb, Sach- und Geldkapital sowie der Möglichkeit, der westlichen Konkurrenz zu begegnen. Traditionelle Absatzmärkte fielen ebenso weg wie staatliche Unterstützungen. In der ersten Staatengruppe vollzog sich die notwendige Wandlung recht schnell zwischen 1990 und 1995, sodass die schwere Anpassungs- und Strukturkrise seitdem überwunden wurde und heute wieder deutliche Wachstumsraten in der Wirtschaft zu beobachten sind. Vielfach liegen die Inflationsraten, die Staatsverschuldung und andere Wirtschaftsindikatoren schon in der Nähe der schwächer entwickelten alten EU-Staaten. Trotz der positiven Entwicklung müssen noch viele **wirtschaftliche Reformen** und **Strukturanpassungen** vollzogen werden. Beispielsweise verarmten in diesen Ländern oft große Teile der Bevölkerung. In der zweiten Staatengruppe wurde die Anpassung deutlich langsamer vollzogen, veraltete Strukturen blieben länger erhalten und die Anpassungskrise erreichte erst Ende der 90er-Jahre ihren Tiefpunkt.

Die Streikbewegung Solidarnošč unter Walesa erreichte 1980 die Zulassung freier Gewerkschaften in Polen.

Auch in politischer Hinsicht lassen sich die beiden Gruppierungen unterscheiden. Die Staaten der ersten Gruppe erreichten schon nach wenigen Jahren relativ stabile parlamentarisch-demokratische Verhältnisse mit einer Gewaltenteilung, unabhängigen Gerichten und aktionsfähigen politischen Parteien und

Eliten. Hierbei muss man aber feststellen, dass die Basis bei den beiden letzten Aspekten oft noch recht schmal ist, denn eine nicht im Sinne der Kommunisten ausgebildete Elite konnte bis 1989/90 kaum entstehen. Die einzige Ausnahme stellte Polen dar, da dort die Gewerkschaft Solidarnošč politische Führungskräfte heranbildete. Nach **demokratischen Revolutionen** übernahmen erst überall oppositionelle Kräfte die Staatsführung – Walesa in Polen, Landsbergis in Litauen, Antall in Ungarn, Havel in Tschechien. Die neuen Führungskräfte konnten die Wirtschaftskrise jedoch nicht so schnell wie erwartet beseitigen. Folglich erreichten die ehemaligen Kommunisten, die sich jetzt als sozialistische oder sozialdemokratische Parteien präsentieren, bei den folgenden Wahlen deutliche Erfolge und übernahmen wie z. B. Kwasniewski in Polen, Horn in Ungarn, Brasauskas in Litauen die politische Führung. Das parlamentarische System blieb dabei erhalten.

Dies deutet darauf hin, dass die neue Demokratie gefestigt erscheint. Langsamer verlief dieser Prozess in der zweiten Staatengruppe, wobei die dortigen demokratischen Systeme deutlich instabiler sind. Erstaunlich – im positiven Sinne – bleibt, dass in fast allen Staaten größere innere Unruhen oder gar Bürgerkriege ausblieben und sich die Völker mit einer zeitweilig größeren Armut arrangierten. Ausnahmen bildeten Bulgarien und insbesondere Albanien, wo 1997 und 1998 bürgerkriegsähnliche Verhältnisse herrschten.

Das ehemalige Jugoslawien

Zu einem der brisantesten Konflikte in Europa seit 1945 entwickelte sich seit 1991 die kriegerische Auseinandersetzung im ehemaligen Jugoslawien, als es infolge **nationalistischer Konflikte** zerbrach. Aus dem Balkanstaat entstanden entlang den bisherigen Binnengrenzen der einzelnen Republiken sechs neue souveräne Staaten: Slowenien, Kroatien, Bosnien-Herzegowina, Serbien, Montenegro und Mazedonien, wobei sich Serbien und Montenegro 2003 zur neuen **Bundesrepublik Jugoslawien** zusammenschlossen. 2006 entschied sich die Bevölkerung Montenegros in einer Volksabstimmung für die Unabhängigkeit ihres Staates. Seitdem wird Montenegro als souveräner Staat betrachtet.

Die **Ursachen dieses Konfliktes** sind vielfältig und können hier nur kurz angedeutet werden. War das untergegangene Österreich-Ungarn bis 1918 ein Vielvölkerstaat, so galt dies für das 1918 gegründete „Königreich der Kroaten, Serben und Slowenen", das spätere Jugoslawien (übersetzt: Südslawien), erst recht. Nach 1945 konnte die überragende Integrationsfigur des Josip Broz, genannt Tito, die vielfältigen **inneren Probleme** Jugoslawiens überdecken:

- **religiös:** Slowenien und Kroatien sind katholisch; der Rest hingegen orthodox; Bosnien ist gespalten;
- **kulturell:** Slowenien und Kroatien sind durch die lange Integration in Österreich-Ungarn mitteleuropäisch, zum Teil italienisch geprägt; die anderen Regionen sind byzantisch bzw. osmanisch orientiert; Bosnien ist gespalten;
- **sprachlich:** Slowenien und Kroatien verwenden die lateinische Schrift; der Rest schreibt kyrillisch; Bosnien ist auch in diesem Punkt gespalten;
- **wirtschaftlich:** Slowenien und Kroatien sind innerhalb Jugoslawiens überdurchschnittlich entwickelt; der Rest eher unterdurchschnittlich; Slowenien und Kroatien leisteten quasi „Entwicklungshilfe" für die übrigen Gebiete;
- **politisch:** die Formen des Rechtsstaates und der Demokratie sind in Slowenien und Kroatien fester verankert als in anderen Republiken.

Insofern war Jugoslawien noch größeren Spannungen ausgesetzt als das alte Österreich-Ungarn. Ausgangspunkt der verschiedenen Einzelkonflikte in den 90er-Jahren war das Bestreben der größten und dominanten Teilrepublik Serbien, den alten Staat Jugoslawien zu erhalten. Die anderen Republiken fühlten sich jedoch unterrepräsentiert oder sogar unterdrückt und wollten sich aus dem gemeinsamen Staat lösen. Nach dem Verschwinden des Ost-West-Gegensatzes und dem Wiedererstarken der nationalen Idee in Mittel- und Ostmitteleuropa war es daher kaum verwunderlich, dass Slowenien und Kroatien als Wortführer einer Auflösung des alten Jugoslawien auftraten. Nachdem beide Staaten ihre Unabhängigkeit erklärt hatten, versuchte die serbisch dominierte jugoslawische Armee durch kriegerisches Eingreifen die Abspaltung beider Republiken zu verhindern. Im Fall des räumlich von Serbien getrennten Slowenien gelang dieser Versuch nicht, im Falle Kroatiens entwickelte sich ein erbitterter Krieg, bei dem Teile Kroatiens von der „jugoslawischen" Armee erobert wurden. Besonders brutal entwickelte sich der Krieg in Bosnien-Herzegowina, sozusagen das alte Jugoslawien im Kleinformat, da dort Serben, Kroaten und Muslime leben. Nur durch eine internationale Isolierung Serbiens, Drohungen der NATO und der USA, gelang es schließlich 1996, diesen Krieg durch das Abkommen von Dayton in Washington/USA zu beenden und einen mühsamen Wiederaufbau und Versöhnungsprozess einzuleiten.

Der vorläufig letzte Balkankrieg tobte 1998/99 in der zu Serbien gehörenden, aber überwiegend von Albanern bewohnten **Provinz Kosovo**. Die Albaner strebten in der Auseinandersetzung mit den Serben zunächst die Wiederherstellung ihrer alten Autonomie an, die ihnen 1989 genommen worden war. Als dies nicht gelang, begann 1998 ein Bürgerkrieg, in dem Serbien im Rahmen einer brutalen ethnischen Säuberung die Albaner aus ihren traditionellen Siedlungsgebieten vertrieb. Anfang 1999 eskalierte dieser Konflikt derart, dass die

NATO und die EU auf der **Konferenz in Rambouillet** bei Paris versuchten, eine für die Albaner befriedigende Lösung herbeizuführen. Dieser internationale Vermittlungsversuch scheiterte jedoch am Widerstand Serbiens. Die NATO reagierte darauf mit einem mehrmonatigen Luftkrieg gegen Serbien, der schließlich im Juni 1999 nach zähen Verhandlungen mit Serbiens Präsident Slobodan Milosevic beendet wurde.

Der Kosovo-Konflikt offenbarte tief greifende Probleme der neuen internationalen Ordnung nach dem Ende des Ost-West-Gegensatzes. Die EU erwies sich als wenig handlungsfähig, weil deren außenpolitische Kompetenz erst schwach entwickelt war. Teilweise zeigten sich alte bis in die Zeit vor 1914 zurückreichende Sympathien und Antipathien. Deutschland galt als Fürsprecher Sloweniens und Kroatiens, Großbritannien und Frankreich sympathisierten mit Serbien. Ganz offen stützte Russland Serbien, seinen traditionellen Verbündeten auf dem Balkan. Nur die USA und die NATO zeigten Handlungsfähigkeit. Dadurch ließen sich die Kriege in diesem Raum beenden.

Somit zeigt Europa am Anfang des 21. Jahrhunderts ein vielfältiges Bild. Die Staaten der EU schließen sich politisch und ökonomisch immer enger zusammen und bilden einen Bereich von Stabilität und Prosperität. Die Staaten Ostmitteleuropas bewegen sich auf die EU zu und haben bereits eine beträchtliche politische und ökonomische Stabilität erreicht. Zonen der Instabilität bleiben Russland, Weißrussland, die Ukraine und einige Balkanstaaten. Für die EU ergeben sich daraus – schon im eigenen Interesse – vielfältige Aufgaben, um die Regionen zu stabilisieren und zu entwickeln.

Die islamische Welt

Die Staatengruppe, in der der Islam als vorherrschende Religion die Politik und die gesellschaftlichen Strukturen bestimmt, beinhaltet zahlreiche innere wie äußere Widersprüche und Konfliktpotenziale. Die genannte Staatengruppe lässt sich in geografischer Hinsicht unterschiedlich abgrenzen. Zu deren Kernbestand zählen die **nordafrikanischen Staaten** sowie die der **arabischen Halbinsel**. Islamisch sind ferner **Afghanistan**, **Iran** und **Pakistan**. Zieht man den Kreis etwas weiter, gehören auch **Indonesien**, die **Türkei** und die **ehemals sowjetischen Republiken Mittelasiens** dazu. Inmitten dieser Staaten liegt als (fast) einziges demokratisches Land seit 1948 Israel, dessen jüdische Bevölkerung zu großen Teilen europäisch geprägt ist.

Betrachtet man Nordafrika, den Nahen und Mittleren Osten, also das Gebiet zwischen Marokko und Pakistan, so beherrschen mit Arabisch, Iranisch und

Türkisch drei Sprachen bzw. Sprachgruppen den Raum. In den meisten dieser Staaten spielt der Islam die Hauptrolle. Fast alle durchlebten seit dem Ende des 19. Jahrhunderts eine mehr oder weniger ausgeprägte Kolonialzeit durch die Franzosen, Briten, Italiener oder in Mittelasien durch die Russen. Nur die Türkei, Persien (Iran) und Afghanistan blieben unabhängig. Europa prägte (mit Ausnahme Afghanistans) durch die Sprache der jeweiligen Kolonialmacht die Ausrichtung der politischen Führungsschicht und z. T. auch durch die Orientierung der Wirtschaft an westlichen Vorbildern die islamische Welt nachhaltig.

Eine Orientierung hin zum Westen vollzog sich in der Türkei und im Iran durch „Revolutionen von oben“: In der Türkei unter **Atatürk** seit den 20er-Jahren und im Iran durch **Schah Reza Pahlevi** seit den 50er-Jahren. Der Ölreichtum mancher Staaten hatte eine katalytische Wirkung, was das Eindringen der westlichen, amerikanischen Zivilisation stark beschleunigte. Die schnelle Modernisierung von Teilen der islamischen Gesellschaft und eine oberflächliche Verwestlichung, verbunden mit neuem Reichtum von Emporkömmlingen, stellten die Grundfesten arabisch-islamischer Gesellschaften infrage. Vor diesem Hintergrund entwickelte sich eine Bewegung, die den Islam und seine politisch-gesellschaftlichen und ökonomischen Lehren wieder in das Zentrum islamischer Staaten stellen möchte. Wahre Triumphe feierte dieser islamische **Fundamentalismus** im Iran seit dem Sturz des Schahs Reza Pahlevi 1979 besonders unter dem religiösen Führer **Ayatollah Khomeini**, der ein theokratisch-islamisches Herrschaftssystem mit starker anti-westlicher, anti-amerikanischer Ausrichtung errichtete. Seit dieser islamischen Revolution spielt die Idee der Re-Islamisierung in allen Staaten Nordafrikas sowie des Nahen und Mittleren Ostens eine wichtige Rolle und führt teilweise zu gewalttätigen inneren Auseinandersetzungen. Einen Höhepunkt bildete der Terroranschlag vom 11. September 2001 auf das **World Trade Center in New York** und auf das Verteidigungsministerium (Pentagon) der USA in Washington D. C. durch die islamistische Terrorgruppe **Al Qaida** unter der Führung von Osama Bin Laden. Seitdem führen die USA und zahlreiche Verbündete einen vor allem militärisch ausgerichteten Kampf gegen den Terrorismus. Dabei fand eine räumliche Konzentration in Afghanistan statt, wodurch das dortige fundamentalistische Regime der Taliban gestürzt und die neue afghanische Regierung durch zahlreiche ausländische (auch deutsche) Truppen unterstützt wurde. Eine nachhaltige

Khomeini wird von der Bevölkerung begeistert gefeiert.

Befriedung Afghanistans ist bisher jedoch nicht gelungen. Vielmehr scheint es, dass die Terrorgruppe Al Qaida ihre Strukturen auch in anderen Staaten festigen konnte.

Ein weiteres Beispiel solcher Konflikte ist seit Jahren **Algerien**, wo im Verlauf der Auseinandersetzungen bereits zehntausende Menschen starben. Die Zielsetzungen der Fundamentalisten unterscheiden sich zwar von Staat zu Staat, beinhalten jedoch als Kernbestandteile die Errichtung eines politischen und gesellschaftlichen Systems auf der Basis des Islam, die Einführung der islamischen Rechtslehre, der Scharia, die Zurückdrängung der Sprachen der Kolonialmächte, die Einführung einer islamischen Wirtschaftsordnung, beispielsweise durch ein Zinsverbot, sowie die Errichtung einer „panislamischen Internationalen" der betreffenden Staaten. Ein solches Bündnis der arabischen Staaten existiert seit 1945 in Form der **Arabischen Liga**, der alle arabischen Staaten Nordafrikas und des Nahen Ostens angehören. Die Gründung dieser Organisation spiegelte den Wunsch vieler Araber nach nationaler Einheit wider. Sie sollte dazu dienen, die innerarabischen Beziehungen zu vertiefen, Konflikte abzubauen und die arabische Souveränität zu schützen. So leistete sie neu entstehenden Staaten wie Tunesien, Algerien und Kuwait Hilfe bei der Entkolonialisierung. Bisher ist die Wirksamkeit dieses Paktes eher gering, da die inneren Systeme der Staaten und deren äußere Interessen stark differieren. Bezüglich der politischen Systeme finden sich z. B. in Marokko und auf der Arabischen Halbinsel konservative Monarchien, westlich ausgerichtete Staaten mit Ansätzen zu Mehrparteiensystemen hingegen z. B. in Tunesien oder Ägypten und präsidiale Diktaturen z. B. in Libyen oder Syrien. Auch der geografische Raum der Arabischen Liga ist so groß, dass die äußeren Interessen grundlegend voneinander abweichen. Beispielsweise haben Marokko und Tunesien kaum Interesse an den Konflikten am Persischen Golf oder den Auseinandersetzungen zwischen den Palästinensern und Israelis.

Der Konflikt zwischen Israel und den Palästinensern bildete lange Zeit ein einigendes Band unter den meisten arabischen Staaten, galt doch Israel als gemeinsamer Feind in der gesamten Region. Diese Bedeutung Israels hat in mehreren Stufen abgenommen. Durch Vermittlung und Druck der USA gelang es 1979, zwischen Israel und Ägypten einen Friedensvertrag zu schließen. 1994 folgte nach langen Verhandlungen das **Gaza-Jericho-Abkommen**, mit dem sich Israel und die PLO, die Vertretung der Palästinenser, anerkannten und Israel den Palästinensern eine begrenzte Autonomie zugestand. Schließlich erfolgte 1994 ein Friedensabkommen zwischen Israel und Jordanien. Damit wurden zwar wesentliche Konfliktpotenziale für kurze Zeit entschärft, eine endgültige Friedensregelung wurde jedoch nicht erreicht. Im Gegenteil: Seit dem Jahr 2001 verschärfte sich die Auseinandersetzung zwischen Israel und den Palästinensern wieder erheblich. Attentate von palästinensischer Seite in Israel und Vergeltungsschläge des israelischen Militärs in den palästinensischen Territorien ließen die Friedenshoffnungen schwinden. Der Kern des Konflikts bedarf nach wie vor einer Lösung. Dabei streben die Palästinenser so viel Unabhängigkeit, Souveränität und Staatlichkeit wie möglich an, während Israel im Interesse seiner Sicherheit so viel Kontrolle wie möglich über die palästinensischen Gebiete behalten möchte. Ein besonderer Konfliktherd ist die **Stadt Jerusalem**, die Israel als seine Hauptstadt betrachtet, während die Palästinenser den Ostteil Jerusalems als Hauptstadt eines Staates Palästina ansehen.

Weiteres internationales Konfliktpotenzial bergen in dieser Region die Rohstoffnutzung, ethnische Probleme sowie Konflikte der politischen Systeme.

Die Gespräche in Camp David brachten zwischen Ägypten und Israel den Durchbruch zum Frieden. Der Konflikt zwischen Israelis und Palästinensern ist bis heute jedoch nicht gelöst – Zeichen hierfür ist die von Israel vorangetriebene Errichtung eines Sperrzauns zwischen dem eigenen Staatsgebiet und den autonomen palästinensischen Gebieten.

Bei der Nutzung von Rohstoffen spielen die **Ressourcen** Wasser, Öl und Gas eine wichtige Rolle. In den trockenen Gebieten stellen die Flusssysteme von Euphrat, Tigris, Jordan und Nil eine wichtige Lebensgrundlage für die schnell wachsende Bevölkerung dar. Da die genannten Flüsse mehrere Staaten durchfließen, sind Konflikte über die Nutzung des Wassers leicht möglich. Auch der Öl- und Gasreichtum vieler Gebiete kann zu kriegerischen Auseinandersetzungen führen – wie am Beispiel des Golfkriegs von 1991 zwischen **Kuwait** und dem Irak deutlich wurde –, bilden doch die Einnahmen aus der Rohölförderung oft den überwiegenden Teil der Staatseinkünfte. Im Jahre 2003 entbrannte ein weiterer Golfkrieg. Die USA, Großbritannien und einige weitere Verbündete stürzten in einer Militäraktion das Regime des irakischen Diktators **Saddam Hussein**, weil sie dort Massenvernichtungswaffen und wichtige Stützpunkte für den internationalen Terrorismus vermuteten. Der Krieg war zwar schnell vorbei und der Irak besetzt, eine Befriedung und politische Stabilität im Zweistromland konnten jedoch bis heute nicht erreicht werden. Die neue irakische Regierung verfügt nur über eine geringe Autorität im Landesinnern. Nahezu täglich erschüttern Bombenattentate große Teile des Landes. Das nördliche kurdische Gebiet könnte sich vom Irak abspalten.

Ethnische Konflikte können immer wieder in Staaten mit Minderheiten ausbrechen, wie z. B. um das Siedlungsgebiet der Kurden, die in der Türkei, in Syrien, im Irak und Iran leben oder aber auch um die Dominanz der arabischen Mehrheit im Sudan gegenüber den Völkern im Süden des Landes. Die politischen Regime in den islamischen Staaten bergen Konfliktpotenzial, weil eine demokratische Legitimation fehlt. Oppositionsparteien werden nur selten zugelassen; die Machthaber stützen sich auf das Militär oder auf stammesmäßige Bindungen. Somit stellt die islamische Staatenwelt weiterhin einen deutlichen Unsicherheitsfaktor für die internationale Politik dar. Dies gilt umso mehr, als große Teile der Öllieferungen für Europa, China und Japan aus diesem Teil der Erde stammen. Deshalb muss es auch im Eigeninteresse Europas und der USA liegen, dass sich in der islamisch geprägten Welt Verhältnisse entwickeln, die Konflikte entschärfen helfen und von der Bevölkerung als legitim betrachtet werden.

Süd- und Ostasien

Im Vergleich zur islamischen Welt verfügen die Staaten **Süd- und Ostasiens** über ein höheres Gewicht in der Wirtschaftspolitik. Dies zeigt schon ein Blick auf die Bevölkerungszahlen einzelner Staaten: China hat 1,3 Mrd., Indien 1,1 Mrd., Indonesien über 200 Mio., Japan 125 Mio. und Pakistan 160 Mio. Einwohner. Selbst in kleineren Staaten wie Südkorea, Thailand, den Philippinen oder Vietnam leben so viele Einwohner wie in mittleren oder größeren europäischen Staaten. Die Hälfte der Erdbevölkerung befindet sich in dieser Region und zwar zumeist in den eher kleineren Flachlandgebieten. Damit stellt die Region potenziell einen Kernbereich der Weltwirtschaft bezüglich Produktion, Handel und Konsumption dar.

In tropischen und subtropischen Klimaten gelegen, die Tiefländer mit fruchtbaren Böden ausgestattet und mit wichtigen Bodenschätzen versehen (mit Ausnahme Japans), verfügen diese Staaten über ein recht gutes Naturpotenzial für ihre Wirtschaftsentwicklung. Um dieses Potenzial zu aktivieren, bedarf es vielfältiger Fähigkeiten und einer bestimmten Haltung der Bevölkerung zum Wirtschaften. Diese „**asiatischen Werte**" gelten als wesentlicher Faktor des Aufstiegs der Region.

In Europa oder Nordamerika gilt die individualistische, egoistische Entfaltung des Individuums als wichtige Triebfeder der Wirtschaftsentwicklung und als Basis von Kapitalismus und Marktwirtschaft. In **Ostasien** gelten andere geistige Grundlagen, die sich in ihrem Kern auf den **Konfuzianismus** zurückführen lassen. Ein Aspekt dieser Lehre besteht in der Gemeinschaftsbezogenheit des Individuums. Es gilt als Teil des Ganzen und hat diesem zu dienen. Daraus werden weitere Grundhaltungen wie Ergebenheit gegenüber der Autorität Älterer, Achtung von Sitten und Normen der Gemeinschaft, Respekt vor Überlieferungen, Genauigkeit im Umgang mit anderen Menschen, Ablehnung individualistischen Wettbewerbs sowie eine Bevorzugung von moderaten, mittleren Positionen abgeleitet.

Die Einordnung in Gruppen und der selbstlose Einsatz bestimmen die Arbeits- und Sozialbeziehungen. In diesem Sinn sind die Familie, das Dorf, der Betrieb oder gar der gesamte Staat solche Klein-, Mittel- oder Großgruppen. Es existieren klare Hierarchien, Verantwortlichkeiten und Verpflichtungen aller Gruppenmitglieder, auch der höhergestellten gegenüber den unteren Rängen. Individualistische Entfaltung während einer ausgedehnten Frei- und Urlaubszeit widerspricht diesen Vorstellungen. In Betrieben herrscht zwischen Arbeitern, Angestellten, Managern und Eigentümern ein ausgesprochenes „**Wir-Gefühl**". Das Wohl des Betriebes bestimmt das Verhalten der Betriebsmitglieder. Das lässt sich auf den gesamten Staat übertragen. Trotz gelegentlicher Konflikte zwischen Gewerkschaften und Betrieben arbeiten z. B. in Japan Arbeitgeber, Gewerkschaften und der Staat eng zusammen, was auch durch die politische Bezeichnung „Japan-AG" verdeutlicht wird.

Dieses Gedankengut bestimmt auch das Handeln der Staaten, z. B. bei der Sicherung von Menschenrechten: In Europa und Nordamerika individualistisch verstanden, spielt diese Sichtweise in Ostasien eine geringere Rolle. Dort herrscht eine eher kollektivistische Betrachtungsweise vor. Das Ganze, die Familie, die Region, der Betrieb, der Staat sind in ihrer Entfaltung vorrangig gegenüber dem Individuum.

Fügt man nun die genannten Voraussetzungen bezüglich des Naturpotenzials und der Haltung der Menschen zur Arbeit zusammen, so wird verständlich, dass Ostasien mittlerweile neben der EU und Nordamerika das dritte Kraftzentrum der Weltwirtschaft geworden ist. Den Ausgangspunkt bildete zunächst Japan, später kamen Staaten wie Südkorea, Taiwan, Hongkong – als „Tigerstaaten" bezeichnet – hinzu. Mittlerweile entwickeln sich Vietnam und besonders **China** in einem rasanten Tempo. Das wurde möglich, weil die regierenden kommunistischen Parteien seit einigen Jahren versuchen, im Wirtschaftsleben die Ideen und die Praxis kommunistischer Herrschaftsausübung zurückzudrängen. Die Ökonomie bleibt sich selbst überlassen, sodass marktwirtschaftliche Mechanismen die Entwicklung bestimmen, während im politischen Bereich die Herrschenden ihr Machtmonopol (noch) behalten.

Eine vergleichbare „Entfesselung" der Wirtschaftskräfte hat in **Indien** in geringerem Maße stattgefunden, was u. a. auf die andere Geisteshaltung zurückzuführen ist – obwohl auch hier seit den 90er-Jahren eine deutliche Wirtschaftsbelebung festzustellen ist. Indien gilt seit seiner Unabhängigkeit von Großbritannien im Jahre 1947 als größter demokratischer Staat auf der Erde, mit einem Wechselspiel von Regierung und Opposition und starken föderalistischen Elementen. Das Wirtschaftssystem war im Kern marktorientiert, allerdings mit starken staatssozialistischen, planerischen und dirigistischen Vorgaben. Diese werden in Indien gegenwärtig abgebaut, sodass daraus ein deutlicher Wirtschaftsaufschwung resultiert.

Allerdings bleiben große Teile von Staat und Gesellschaft in traditionellen Wertvorstellungen verhaftet, die wiederum alte hinduistische Ordnungsmuster widerspiegeln. Diese basieren auf den Verpflichtungen, die sich aus der Kastenzugehörigkeit ergeben und die Wirtschaftstätigkeit deutlich lähmen. Trotzdem gibt es auch in Indien zunehmend „moderne" Bereiche in Wirtschaft, Wissenschaft und Forschung. Das wachsende Wirtschafts- und Wissenschaftspotenzial stärkt ebenfalls die militärischen Kräfte dieser Staaten. Dies gilt nicht nur für die konventionellen Streitkräfte. Pakistan, Indien und China verfügen bereits über Atomwaffen, Japan wäre zur Herstellung solcher Waffen in der Lage.

In **Japan** ähneln die Strukturen des politischen Systems stark den europäischen. Es gibt zwei Parlamentskammern, die Repräsentanten des Volkes wählen die verantwortliche Regierung und die Judikative agiert unabhängig von anderen Gewalten. Der früher allmächtige Tenno, der Kaiser, handelt nicht mehr als „Quasi-Gott", sondern erfüllt heute weitgehend repräsentative Aufgaben. Parteien kämpfen um die Wählergunst und die Massenmedien verhalten sich wie in Europa. Insofern ähnelt das japanische politische System auch dem deutschen System, wobei der Zentralismus viel ausgeprägter ist, da die Regionen und auch die Kommunen nur wenige Kompetenzen haben. Aus diesem Grund ist entscheidend, wer Einfluss auf die Politik der Regierung in Tokio nehmen kann.

Bestimmende politische Kraft seit den 80er-Jahren war und ist die überwiegend konservativ und wirtschaftsfreundlich ausgerichtete **LDP** (Liberal Demokratische Partei), die mit kurzen Unterbrechungen in den 90er-Jahren immer die Regierung stellte. Die LDP ist zwar konservativ, aber eher ein Interessenbündnis verschiedener (Wirtschafts-)Gruppierungen, die Einfluss auf die Politik nehmen wollen. Besonders erfolgreich ist hierbei die Großindustrie. Die lange Regierungszeit der LDP hat dazu geführt, dass die überwiegend von Parteigängern besetzte Ministerialbürokratie die Entscheidungen vorbereitet und ausführt. Somit ergibt sich ein enges Dreiecksgeflecht von Großindustrie, LDP und Ministerialbürokratie, quasi unter Ausschluss der Öffentlichkeit, denn die vielfältigen Kontakte in diesem Dreieck finden nicht öffentlich statt. Viele Jahrzehnte galt dieses politische System als stabil und erfolgreich. Alle Schichten des japanischen Volkes durchlebten eine nie gekannte Mehrung ihres Wohlstands. Zur Stabilisierung dieses Systems trug auch das Familien- bzw. Betriebsdenken vieler Japaner bei, sodass japanische Arbeitnehmer es für richtig hielten, den Repräsentanten ihrer Großbetriebe zu folgen.

Mittlerweile zeigt jedoch dieses System erhebliche Schwächen. Auch in Japan sind die Zeiten ungebremsten Wirtschaftswachstums vorbei. Immer mehr Japaner fordern einen Ausbau des Sozialstaates und höhere Löhne. Die Konkurrenz benachbarter Staaten wird schärfer. All dies führt zu wirtschaftlichen Krisenerscheinungen. Gleichzeitig entstehen mafiose Strukturen und Korruption innerhalb des Dreiecksgeflechts. Immer mehr Skandale untergraben die bisherige politische Stabilität. Das Vertrauen breiter Bevölkerungskreise in die politische Führung hat nachgelassen.

In dieser Situation muss Japan auch seine Außenpolitik neu überdenken. Bisher konnte es sich im Zeichen der Bipolarität im Schutz der **„pax americana“** (amerikanischer Frieden) sicher fühlen und sich ganz auf seine Wirtschaftsentwicklung konzentrieren. Letztere wurde nach dem Zweiten Weltkrieg wesentlich von den Exporterfolgen Japans getragen. Große Wirtschaftsbereiche leben davon, dass mehr als die Hälfte aller Produkte im Ausland verkauft werden. Im Gegenzug behindert Japan häufig Importe und schafft damit ein außenwirtschaftliches Ungleichgewicht zu seinen Gunsten. Dies verärgert Japans große Handelspartner in den USA, in der EU sowie in Ostasien. Man erwartet von Japan, seine Märkte stärker für Importe zu öffnen.

Für Japans Rolle als Großmacht in Ostasien spielt die Last der Vergangenheit eine wichtige Rolle, hatten doch Korea, China und weitere Staaten der Region Japan bis 1945 als brutale Besatzungsmacht kennengelernt. Anders als in Deutschland hat es in Japan bisher kaum eine intensive Auseinandersetzung mit dieser Zeit gegeben. Daher bestehen Japan gegenüber große Ressentiments. Oft fühlen sich die Staaten der Region unter dem Dach der „Schutzmacht“ USA wohler als unter einer japanischen Vorherrschaft. Ohne eine Klärung dieser Fragen dürfte es schwierig sein, dass Japan in die Rolle einer ostasiatischen Groß- und Ordnungsmacht hineinwächst. Besonders belastet ist in diesem Zusammenhang das Verhältnis zu Korea, das zwischen 1910 und 1945 Kolonie war und zu China, von dem Japan Teile als Kolonie verwaltete.

Zentrale Bedeutung für die Region Ostasien und die gesamte Weltpolitik wird die Entwicklung **Chinas** haben. Dies ergibt sich allein schon wegen der gewaltigen Bevölkerungszahl. Gegenwärtig scheint für das alte „**Reich der Mitte**" kennzeichnend, dass es sich nach marktwirtschaftlichen Prinzipien orientiert, politisch jedoch die alten kommunistischen Strukturen beibehält. Letzteres bedeutet, dass in China weiterhin eine „volksdemokratische" Ordnung herrscht, in der die Kommunistische Partei über das Machtmonopol im Staat, in der Verwaltung, im (Schein-)Parlament, dem Volkskongress und in den Streitkräften verfügt. Eine politische Opposition, eine freie Presse sowie freie und unabhängige Gewerkschaften werden nicht geduldet. Diese diktatorische Regierungsform wurde in den letzten Jahren etwas „milder" und weniger straff; auch die Partei selbst erscheint nicht mehr als ein vollkommen einheitlicher Block. Die große Wandlung Chinas geht auf die Wirtschaftsreformen der letzten Jahre zurück.

Hier war es vor allem **Deng Xiaoping**, der innerhalb der KP die marktwirtschaftliche Öffnung durchsetzte. Seitdem hat der Staat das für kommunistische Regime selbstverständliche Monopol in der Wirtschaft aufgegeben. Der Staat schließt und verkauft marode Staatsbetriebe, Bauern und Gewerbetreibende verfügen wieder über Privateigentum an Betrieben, Dienstleistungsbetriebe wachsen sehr schnell und eine staatliche Wirtschaftsplanung existiert nicht mehr. Viele ausländische Firmen investieren in China, um sich eine aussichtsreiche Marktpositionen zu sichern.

Die Folge dieser Politik besteht in einer nie gekannten Entfesselung der Wachstumskräfte. Das Bruttoinlandsprodukt stieg in den letzten Jahren über 10 % jährlich. Dies betrifft besonders die Küstenprovinzen und die großen Städte, während die Regionen im Landesinnern in ihrer wirtschaftlichen Leistung weit zurückliegen. Die Gesellschaft differenziert sich. Es entsteht eine noch dünne Ober- und eine schon recht breite Mittelschicht. Aber auch die Masse der Chinesen profitiert von diesem Aufschwung, sodass für die meisten Chinesen das Konsumniveau steigt.

In dieser Situation müsste die Führung der KP langfristig ihr Machtmonopol als gefährdet ansehen. Dies ergibt sich schon aus einer marxistischen Analyse der Wirklichkeit, nach der die Dynamik der Wirtschaft letztlich die politische Sphäre erreicht. Ein kommunistisches Machtmonopol wäre hiernach unvereinbar mit freiheitlichen Strukturen in der Wirtschaft. Die wirtschaftliche Dynamik segmentiert die Gesellschaft und das Land. Die Unterschiede zwischen

Reich und Arm, Stadt und Land, den Küstenregionen und den innerchinesischen Gebieten nehmen zu und führen zu Spannungen, u. U. auch zu Abspaltungstendenzen besonders der weniger von Chinesen bewohnten Gebiete Tibet, Xinjiang und Innere Mongolei. Hinzu kommt, dass die kommunistische Ideologie mittlerweile kaum noch den Charakter einer verbindlichen Staatsideologie hat und viele Chinesen nach anderen Leitbildern suchen.

Dieses Problem sieht auch die Partei- und Staatsführung, weshalb sie versucht, das ideologische Vakuum neben der Propagierung von wirtschaftlicher Aktivität durch einen Rückgriff auf Ideen des Konfuzianismus und Nationalismus zu füllen. Spätestens hier werden außenpolitische Fragen und Orientierungen wichtig, um damit von den inneren Problemen abzulenken. Der Wirtschaftsaufschwung Chinas liefert Mittel, um die chinesische Armee besser auszurüsten, sodass das Land bald auch über eine schlagkräftigere Streitmacht verfügen wird, die Chinas außenpolitische Rolle stärken könnte.

Im Zeichen eines neuen Nationalismus Chinas ist es denkbar, dass das Land mit einigen seiner Nachbarn in Konflikt geraten könnte, ist es doch im Begriff, alte Gebietsansprüche zu reaktivieren. Dies unterstreichen Landkarten, auf denen China Ansprüche auf andere Territorien verdeutlicht. Hierbei geht es nicht nur um das ehemals britische Hongkong oder das ehemals portugiesische Macao. Formosa (der Staat Taiwan) wird als Teil Chinas betrachtet. Jetzt japanisch, gehörten die Riu-Kiu-Inseln bis 1879 zu China, bis 1895 war Korea chinesisch, bis 1860 die jetzt russische Amur-Provinz, bis 1911 die Äußere Mongolei. Teile Indochinas standen unter chinesischer Oberhoheit. Die Grenze zu Indien in Kaschmir verläuft nicht eindeutig. Somit ergeben sich für ein erstarkendes China historisch zu begründende Gebietsansprüche, die die großen Staaten Russland, Japan und Indien sowie andere Nachbarn berühren. Letztlich sind auch die USA mit ihrer starken Präsenz in Ostasien betroffen. Im Sinne einer nationalistischen Außenpolitik ließen sich die vielen Auslandschinesen, z. B. in Singapur und Indonesien für ein prosperierendes China aktivieren. Aus diesen Gründen könnte ein starkes China die außenpolitischen Konstellationen in Ostasien im 21. Jahrhundert erheblich beeinflussen und verändern.

Die außenpolitische Bedeutung von Staaten wie **Thailand**, **Indonesien**, **Vietnam** oder den **Philippinen** fällt dagegen relativ gering aus. Jedoch könnten auch hier Konfliktzonen entstehen, die aus der inneren Instabilität dieser Staaten erwachsen. Oft regieren Familienclans oder diktatorische und ausbeuterische Regime, die innere Unruhen entstehen lassen. China, Japan und die USA möchten jedoch weiterhin wirtschaftlichen und politischen Einfluss in diesen Staaten behalten, sodass auch internationale Auseinandersetzungen in der Region auftreten können.

Die außenpolitischen Interessen **Indiens** dürften auf absehbare Zeit v. a. im Bereich Südasiens liegen. Neben dem Grenzkonflikt mit China spielt der Dauerkonflikt mit Pakistan um Kaschmir und die muslimische „Minderheit“ von ca. 150 Mio. in Indien eine wichtige Rolle. Es gab bereits mehrere Kriege zwischen den beiden Staaten. Weitere scheinen angesichts zunehmender nationalistischer Tendenzen auf beiden Seiten nicht ausgeschlossen. Dass beide Länder Atommächte sind, erhöht das schon existierende Gefahrenpotenzial noch.

Afrika südlich der Sahara

Viele afrikanische Staaten gelangten mit einem innenpolitischen System in die Unabhängigkeit, das dem der ehemaligen Kolonialmacht ähnelte (parlamentarisch-demokratisch). Betrachtet man heute die Staaten Afrikas unter dem Gesichtspunkt der Demokratie, so erfüllen nur wenige Staaten diese Kriterien. Häufig herrschen autoritäre, diktatorische Regime vor, auch wenn die Verfassungen Anderes nahelegen. Zahlreiche Konflikte, gesellschaftliche, religiöse, politische und wirtschaftliche Probleme führten dazu, dass Afrika heute in wirtschaftlicher Hinsicht schlechter dasteht als am Ende der Kolonialzeit. Millionen Afrikaner hungern, Millionen wurden durch Bürgerkriege und Putsche zu Flüchtlingen. Wirft man einen Blick auf die Weltkarte, in der die Länder nach dem Bruttosozialprodukt pro Kopf aufgeteilt sind, wird sofort deutlich, dass der größte Teil Afrikas zur Gruppe der sog. **Low Income Länder** zählt.

Gruppierung der Staaten nach Pro-Kopf-BIP (in Dollar)

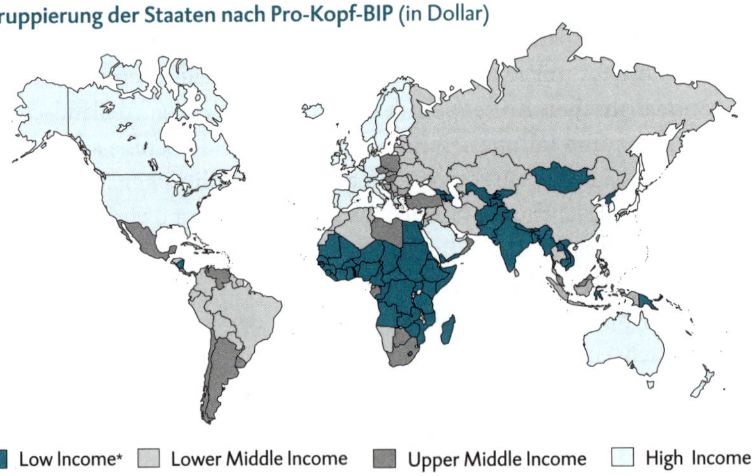

Daraus resultieren zahlreiche Probleme nicht nur für die betroffenen Staaten selbst (beispielsweise Hunger, soziale Notstände, Flüchtlingsbewegungen, Kriege um Rohstoffe). Auch in den entwickelten Staaten führt es zu Problemen, beispielsweise wenn immer mehr Afrikaner versuchen, illegal in die EU-Staaten einzureisen.

Viele Jahrzehnte der Entwicklungshilfe scheinen fast umsonst zu sein. Von diesem eher pessimistischen Bild gibt es nur wenige Ausnahmen mit relativ stabilen, z. T. autoritären Regimen wie in Namibia oder dem Senegal. Die Frage, warum westliche Modelle für die innere Entwicklung der Staaten häufig scheitern, lässt sich auf zwei Grundaspekte reduzieren: Den **Zusammenprall dreier Kulturtraditionen** (Europa, Arabien, Afrika) sowie das System, das als **Tribalismus**, das Denken und Handeln im Rahmen des Stammes, bezeichnet wird. Beide Gesichtspunkte beeinflussen die heutige afrikanische Politik.

Europa entwickelte sich spätestens seit der Aufklärung in Richtung Individualismus, Verwirklichung von Grundfreiheiten und Menschenrechten. Meist vollzog sich diese Entwicklung in Verbindung mit der demokratischen Staatsform, gepaart mit Industrialisierung und ökonomischem Fortschritt. Traditionelle Formen wie Lehnswesen, Großfamilien und Einbindungen in kirchliche Gruppen wurden stark zurückgedrängt.

Anders in Afrika. Dort sind traditionelle Formen des Zusammenlebens nach wie vor gültig, müssen sich jedoch mit europäischen und orientalischen Kulturen auseinandersetzen, was wiederum zur Veränderung der alten Kultur beiträgt. Der Kern dieser Kultur liegt in der **Institution des Stammes**. Der Stamm (engl. *tribe*) wiederum stützt sich auf Großfamilien und Sippen. Solche Clans bilden den Kern der Dorfgemeinschaft. Mehrere solcher Dorfgemeinschaften stellen manchmal schon einen Stamm dar.

Innerhalb des Stammes existieren zahlreiche Beziehungen und Überzeugungen wie Blutsbande, ähnliche oder gar identische Auffassungen vom Rechtsleben und gemeinsamer Glaube mit einem ausgebildeten Ahnenkult. Das Land des Dorfes gehört dem gesamten Stamm. Somit dominieren Gemeinschaftsbezogenheit und Gemeinschaftsdenken das Handeln afrikanischer Stämme. Die älteren, meist männlichen Stammesmitglieder üben quasi eine natürliche, selbstverständliche Autorität aus, in die sich die jüngeren einordnen. Ebenso nehmen die Frauen ihre teilweise selbstbewusste Rolle in der Familie oder auch bei der Bewirtschaftung des Landes ein.

Wirtschaftliche Unterschiede, Reichtum und Armut treten traditionellerweise nebeneinander im Stamm kaum auf, denn die insgesamt knappen Güter werden gleichmäßig verteilt. Allgemeine Angelegenheiten werden durch die Stammesältesten und den Stammeshäuptling entschieden. Wenn die wirtschaftliche Basis auf **Subsistenz** – also auf Selbstversorgungswirtschaft – beruht, kann ein solcher Stamm großteils sich selbst genügen und benötigt nur geringe Außenbeziehungen, beispielsweise zum „Staat".

Es ist offensichtlich, dass einem solchen Stammesdenken der westliche Individualismus völlig fremd ist. Pluralistische Vorstellungen, Interessensgegensätze innerhalb eines Stammes passen nicht in dieses auf Gemeinschaft angelegte Denken. Die Bindung an den Stamm besteht für die Schwarzafrikaner lebenslänglich, ist unaufkündbar und gilt sogar über den Tod hinaus. Somit werden Verstorbene und noch Ungeborene in das Stammesleben einbezogen. Der Ahnenkult hat hier seine wesentlichen Wurzeln. Folglich ist die wichtigste Aufgabe der Erziehung, den Heranwachsenden dieses Stammesbewusstsein zu vermitteln.

In vorkolonialer Zeit existierten diese Stämme entweder in einem Gleichgewicht untereinander oder in Rivalität. Lose Zusammenschlüsse mehrerer Stämme bildeten oft schon während des Mittelalters Staaten. Die Grenzen waren selten lange festgeschrieben, schon allein deswegen, da viele Stämme gezwungen waren, aus ökonomischen Gründen (Weideplätze, Anbaugebiete) zu wandern. Die Kolonialzeit hat nun in ganz Afrika Staaten hinterlassen, die zumeist keinerlei historische Wurzeln haben. Der moderne afrikanische Staat, so jedenfalls die Ausgangslage bei Erlangung der Unabhängigkeit, sollte die inneren Prinzipien des gewachsenen europäischen Staates übernehmen. Dagegen musste sich Widerstand entwickeln. In diesem Sinne ist die koloniale Ära auch die Geburtsstunde des modernen Tribalismus, jener Bewegung und Geisteshaltung, die sich gegen den modernen Staat und seine Zwänge wehrt, aber gleichzeitig Vorzüge des modernen Staates zu Ungunsten anderer Stämme ausnutzen möchte. Dieses Phänomen lässt sich in verschiedenen Bereichen deutlich erkennen.

Das Territorium: Das Gebiet der meisten modernen afrikanischen Staaten hat keine historischen (Stammes-)Wurzeln. Viele Grenzen beruhen auf Verträgen der europäischen Kolonialmächte. Hierbei wurde keine Rücksicht auf ethnische (Stammes-)Gegebenheiten genommen. Somit bestehen viele Staaten aus verschiedenen ethnischen Gruppen, die sprachlich, kulturell und ökonomisch wenig miteinander zu tun haben. Stammesrivalitäten wurden deshalb „Gründungsbestandteil" der neuen Staaten. Ein Staats-(National-)Bewusstsein hat sich in vielen Staaten nicht herausbilden können.

Dies zeigt sich beispielsweise bei den Amts- und Verkehrssprachen in Schwarzafrika. Fast überall dominiert noch die Sprache der ehemaligen Kolonialmacht als Amtssprache, während die vielen afrikanischen Sprachen diesen Rang bisher kaum erhalten haben. Dies dürfte bei dem vorherrschenden Stammesbewusstsein auch ausgesprochen schwierig sein, denn die Übernahme einer Stammessprache als Staatssprache müsste von den nicht berücksichtigten Stämmen als quasi politische oder kulturelle „Kriegserklärung" aufgefasst werden. Die Identitätssuche im neuen Staat muss sich also der Sprache der ehemaligen Kolonialmacht bedienen, einer Sprache, die Ausdruck einer völlig fremden Kultur ist.

Die Bildung: Die Bildung und das Bildungssystem spielen für die Staatswerdung eine wichtige Rolle, geht es dabei doch nicht nur um die Alphabetisierung und die Vermittlung von Grundwissen, sondern auch um die Beeinflussung des Denkens und des (staatspolitischen) Bewusstseins. Wird Bildung in der Sprache eines dominierenden Stammes übermittelt, muss dies als Unterdrückung der eigenen Stammestradition aufgefasst werden. Wenn dann darüber hinaus auch noch Inhalte vermittelt werden, die den Werten und der Tradition des Stammes entgegenstehen, ist zu erwarten, dass solche Bildung abgelehnt und die Aversionen gegen den neuen Staat gefördert werden.

Das moderne Verfassungssystem: In Europa hat sich das Verfassungssystem in Jahrzehnten bzw. Jahrhunderten herausgebildet. Selbst in unserer Zeit bleibt es zuweilen fraglich, ob sich wesentliche Inhalte und Verfahrensregeln in ganz Europa durchsetzen. Allein schon aus diesem Grund ist es unwahrscheinlich, dass Schwarzafrika dieses System übernimmt. Wichtiger ist jedoch, dass traditionelles afrikanisches Denken mit dem europäischen, kodifizierten Verfassungsleben unvereinbar ist. Eine Verfassung bedarf der schriftlichen Fixierung, was afrikanischem Denken mit seinen überlieferten Werten und Rechten fremd ist. Ferner geht das moderne Verfassungsdenken von der Pluralität von Anschauungen und Interessen der Individuen und Gruppen aus. Konflikte werden durch Mehrheitsentscheidungen oder Rechtssetzungen gelöst, was afrikanischem Stammesbewusstsein fremd ist.

Tausende hungernde äthiopische Familien hoffen in den Flüchtlingslagern auf Hilfe.

Ökonomie und ökonomisches Denken: Die Wirtschaftsethik der Schwarzafrikaner ist geprägt von den kollektiven Bedürfnissen des Stammes. Es gibt oft kein Privateigentum an Grund und Boden. Ferner orientiert sich die Subsistenzwirtschaft an der Bedürfnisbefriedigung der Gruppe. Arbeiten und Wirtschaften sind also nur insoweit wichtig, wie sie dazu beitragen, das eigene Leben und das des Stammes zu sichern. Nicht das Individuum, seine wirtschaftlichen Ziele nach möglichst hohem Gewinn und hohem Wohlstand, sondern die Orientierung auf die Erfüllung der Aufgaben, die für die Befriedigung der Bedürfnisse des Stammes wichtig sind, bleiben die Maßstäbe für das wirtschaftliche Handeln. Dieser Wirtschaftshaltung stehen nun die neuen Staaten und einige städtische Zentren entgegen, insbesondere dann, wenn europäische, amerikanische oder arabische Einflüsse hinzukommen, die teilweise durch die Eliten der neuen Staaten über Investitionen und Entwicklungshilfe bewusst ins Land geholt werden. Dem rationalistischen Wirtschaftsgeist des Westens sind dann viele Afrikaner nicht gewachsen; sie fühlen sich an die Seite gedrängt, ausgebeutet, in ihrem Stammesleben beeinträchtigt, wie überhaupt die moderne Wirtschaft traditionelle Strukturen unterhöhlt.

Die Existenz des modernen Staates wird von vielen Stämmen zu ihren Gunsten benutzt, denn der Staat verfügt über Machtmittel und kann Zuwendungen verteilen. Für diesen Missbrauch gibt es mehrere Methoden:

- Man versucht, staatliche Positionen weitestgehend mit Angehörigen des eigenen Stammes zu besetzen.
- Für die Angehörigen des eigenen Stammes werden finanzielle Vergütungen geschaffen: Steuerersparnisse, günstige Vergaben von Land, bevorzugte Vergabe von Investitionen und Entwicklungshilfe, direkte Bereicherung aus der Staatskasse. Ein extremes Beispiel hierfür lieferte der ehemalige Staatschef von Zaire, Mobutu, der sich und seinen Clan um umgerechnet viele Milliarden Euro bereicherte.
- Als wesentliches Instrument für diese Politik dient die Armee, oft die einzige Institution, die landesweit operiert und sich gegen andere Interessen notfalls mit Gewalt durchsetzt.
- Demzufolge ist es ein wichtiges Ziel, große Teile der Armee und deren Führung z. B. durch hohe Besoldung, Beförderung oder Berücksichtigung von Armeeinteressen auf die eigene Seite zu ziehen. Rivalisierende Fraktionen in der Armee kämpfen um die Staatsgewalt. Während und nach der Kolonialzeit benutzten die Kolonialmächte und die Sowjetunion die Stämme oder die jeweiligen Staatsführungen, um ihre spezifischen Interessen durchzusetzen. Solche Praktiken führten dazu, die Stämme innerhalb eines Staates weiter zu entzweien.

Die afrikanischen Staaten verfügen seit ihrer Unabhängigkeit über mehrere Organisationen, die die wirtschaftliche und politische Zusammenarbeit auf dem Kontinent fördern sollen. Die bedeutendste davon war die **OAU** (Organisation of African Unity) mit Sitz in Addis Abeba, gegründet 1963. Sie wurde im Jahre 2002 durch die **AU** (Afrikanische Union) abgelöst. Nahezu alle afrikanischen Staaten nahmen am Gründungskongress im südafrikanischen Durban teil. Die Ziele der AU laufen auf eine engere Kooperation unter den afrikanischen Staaten sowie eine verstärkte Friedenssicherung auf dem schwarzen Kontinent hinaus. Vorbild für die AU ist in organisatorischer Hinsicht die EU, mit der die meisten afrikanischen Staaten ökonomisch und politisch verbunden sind. Ob diese neue Organisation effektiver arbeiten wird als ihre Vorgängerin oder andere afrikanische Zusammenschlüsse muss bezweifelt werden, denn die innerstaatlichen und zwischenstaatlichen Konflikte ließen bisher eine effektive Zusammenarbeit nicht zu.

Zu solchen Konflikten kam es beispielsweise mehrfach im Kongo/Kinshasa (früher Zaire), im Sudan (Konflikte im christlichen Süden, in der Provinz Darfur), in der Elfenbeinküste oder Simbabwe.

Von diesem eher düsteren Bild Schwarzafrikas bildet lediglich Südafrika eine Ausnahme. Dort gelang es zwischen 1992 und 1994, die weiße Vorherrschaft friedlich abzulösen und einen demokratischen, gemischtrassigen Staat zu errichten. Verantwortlich handelnde weiße und schwarze Politiker haben einen großen Anteil daran. Besonders erwähnt seien in diesem Zusammenhang der ehemalige Präsident Südafrikas von 1994 bis 1999, der Schwarze **Nelson Mandela**, und sein Vorgänger, der Weiße **Frederik de Clerk**. Beide wurden für ihren Einsatz mit dem Friedensnobelpreis geehrt.

Lateinamerika

Lateinamerika erreicht mittlerweile ein deutlich höheres Entwicklungsniveau als der größte Teil Afrikas. Viele Staaten gelten als Schwellenländer, weil sie bereits industrialisiert sind. Das Bruttoinlandsprodukt pro Kopf pendelt zwischen 1 000 und 2 000 US $. Diese Durchschnittswerte verschleiern jedoch die krassen Einkommensunterschiede innerhalb der Gesellschaften. Diese Tatsache muss ferner vor dem Hintergrund der ethnischen Zusammensetzung der meisten Staaten gesehen werden. Bis auf Argentinien und Uruguay, wo die Weißen über 80 %, und Brasilien, wo die Weißen über 50 % der Bevölkerung stellen, beträgt der Anteil der Weißen an der Gesamtbevölkerung zwischen 20 und 30 %. In den Andenstaaten sind Indianer in der Mehrheit, in der Karibik Schwarze und Mulatten.

Die Weißen dominieren zumeist bei der Verteilung der Einkommen, des Grundbesitzes sowie bei der Besetzung wichtiger Positionen. Somit existieren in den meisten Staaten Lateinamerikas **starke soziale Spannungen**, die sich immer wieder in Unruhen bis hin zu Bürgerkriegen entladen können. Zwischen den Reichen und Armen hat sich eine Mittelschicht entwickelt, die einen hohen Anteil an der Wirtschaftsentwicklung innehat und mittlerweile ein wichtiges Element lateinamerikanischer Gesellschaften darstellt.

Lateinamerika ist überwiegend katholisch geprägt. Die **Kirche** spielt eine große Rolle in Staat und Gesellschaft. Gegenüber der Römischen Amtskirche treten die lateinamerikanischen Gemeinden eher kritisch auf, da sie oft sozialreformerisch und damit regimekritisch eingestellt sind. Nimmt man die Sprache der Staaten, Spanisch und Portugiesisch, hinzu, ergeben sich durch die Religion und die Sprache Elemente, die die sozialen Unterschiede der Gesellschaft überbrücken können. Die Staatlichkeit oder die nationale Identität sind dadurch kaum gefährdet. Hinzu kommt die lang andauernde Selbstständigkeit der meisten Staaten, da zwischen 1804 und 1822 das Kolonialzeitalter endete.

Die **politischen Systeme** in Lateinamerika veränderten sich in den 80er-Jahren. Noch in den 70er-Jahren dominierten konservativ ausgerichtete autoritäre Militärregime, die noch bestehende demokratische Strukturen verdrängten. Hierbei spielte auch der Ost-West-Konflikt sowie eine besondere Ausprägung des Links-Terrorismus eine große Rolle. Letzterer setzte vor allem auf Methoden des Guerilla-Krieges, also eines Partisanenkampfes gegen den Staat und seine herrschende Schicht. Die Sowjetunion und ihre Verbündeten, besonders das kommunistische Kuba, unterstützten diesen Kampf materiell und ideell. Die USA fürchteten, dass Teile Lateinamerikas in die Hände kommunistischer Gruppen fallen könnten. In dieser Situation erschien eine Militärdiktatur als das kleinere Übel gegenüber einer Gefahr von „links". Hinzu kam der Anspruch vieler Militärregime, die vielfältigen wirtschaftlichen und sozialen Probleme besser lösen zu können als die „chaotischen" demokratischen Systeme. Dies gelang jedoch kaum. Die Militärregime verstanden sich als Teil des Westens, verfügten jedoch über keine hinreichende innere Zustimmung, denn der Westen verstand sich als Vertreter von Demokratie und Menschenrechten, welche gerade durch sie außer Kraft gesetzt wurden.

Nach Ende des Ost-West-Konflikts verloren die Militärs jegliche Legitimation. Auch die USA drängten jetzt verstärkt darauf, wieder demokratische Regime zu etablieren. Gegenwärtig gibt es kaum noch Diktaturen, außer dem seit 1959 kommunistischen Kuba unter Fidel Castro. Jedoch auch hier zeigen sich gewisse Liberalisierungen, da Kuba angesichts des Zusammenbruchs der UdSSR auf verstärkte wirtschaftliche Zusammenarbeit mit Staaten des Westens angewiesen ist.

Dennoch bleibt die Demokratie in Lateinamerika gefährdet. Neben den genannten sozialen Problemen (Armut–Reichtum, Landverteilung, Elendssiedlungen am Rande der großen Städte) können Wirtschaftskrisen politische

Probleme verstärken. Die Verschuldung einiger Staaten ist enorm, die Kriminalität ist nirgends so hoch wie auf diesem Kontinent. Parteien und andere demokratische Institutionen erscheinen weniger verwurzelt als in Europa, und reiche Familien gewinnen schnell Einfluss auf die Politik.

Parallel zur Durchsetzung von demokratischen Strukturen hat sich die wirtschaftliche und politische Zusammenarbeit zwischen Nord- und Lateinamerika verbessert. Zwischen den USA, Kanada und Mexiko entstand 1994 die **Nordamerikanische Freihandelszone** (NAFTA). Auch die anderen lateinamerikanischen Staaten arbeiten enger zusammen. Ernsthafte Konflikte existieren gegenwärtig kaum. Das Verhältnis der USA zu Lateinamerika entspannte sich bis zur Jahrhundertwende, seitdem die USA ihre südlichen Nachbarn eher als Partner denn als wirtschaftlichen und politischen „Hinterhof" betrachteten.

In den letzten Jahren zeigte sich allerdings wieder eine umgekehrte Tendenz. Einerseits führte die Präsidentschaft George W. Bushs ab 2001 zu einer aggressiven Außenpolitik der USA, auch gegenüber Lateinamerika. Andererseits gelangten beispielsweise mit Chavez in Venezuela und Morales in Bolivien populistisch agierende Präsidenten an die Spitze einiger lateinamerikanischer Staaten, die eine bewusste politische und wirtschaftliche Abgrenzung von den USA betrieben.

Die USA und ihre Rolle als einzige Supermacht

Nach dem Zusammenbruch des Ostblocks und der UdSSR stellen die USA die einzige Supermacht dar, also einen Staat, der aufgrund seiner Größe, seiner Wirtschafts- und Militärmacht sowie seines politischen Systems als Einziger in der Lage ist, weltumspannend zu handeln und am wenigsten auf die Interessen anderer Staaten Rücksicht nehmen muss. Weder Russland noch China oder die EU sind gegenwärtig in einer vergleichbaren Position. Folglich nehmen die USA in vielen Teilen der Erde bestimmenden Einfluss auf die Innen- und Außenpolitik von Staaten und ganzen Regionen. Sie können Konflikte schüren, aber auch dazu beitragen, solche zu reduzieren und zu lösen.

Bei der Bevölkerung nehmen die USA in der Rangliste der größten Staaten einen vorderen Platz ein: Ca. 260 Mio. US-Amerikaner stellen ca. 4 bis 5 % der Weltbevölkerung, erwirtschaften jedoch 25 % der Weltwirtschaftsleistung, während Russland z. B. heute noch nicht einmal die Wirtschaftsleistung Belgiens und der Niederlande erreicht. Die US-amerikanische Wirtschaft gehört damit zu den produktivsten der Welt.

Die Ursachen dieser starken wirtschaftlichen Stellung sind vielfältig. Der US-Anteil an Erfindungen in den meisten wichtigen wissenschaftlichen und technischen Disziplinen liegt oft bei 30 bis 40 %. Die Umsetzung dieser Ideen in Produkte geschieht unkompliziert und unbürokratisch und meist schneller als in Europa. Die Basis hierfür bildet ein äußerst liberales Wirtschaftssystem mit geringer staatlicher Reglementierung. Hinzu kommt eine Grundeinstellung bei Arbeitgebern und Arbeitnehmern, die sehr stark von Eigeninitiative, Flexibilität und Misstrauen gegenüber staatlichen Steuerungen geprägt ist. Der **American Dream**, nach dem es jedem möglich ist, vom „Tellerwäscher zum Millionär" aufzusteigen, wenn man sich nur richtig anstrengt, beherrscht z. T. noch das Denken und Handeln der Menschen. Folglich sind die Jahresarbeitszeiten länger als in Deutschland, Löhne und Lohnnebenkosten liegen niedriger und auch die Gewerkschaften spielen eine geringere Rolle als in Europa.

Das politische System existiert seit über 200 Jahren und hat sich im Kern bewährt. **Kongress** (Parlament, bestehend aus Repräsentantenhaus und Senat), **Präsident** und **oberste Gerichtsbarkeit** bilden drei starke, unabhängige Gewalten. Die Einzelstaaten und die Kommunen verfügen über genügend Autonomie. Die Wähler spielen eine hinreichend große Rolle in diesem System der **präsidentiellen Demokratie**. Dieses politische System ist im Kern stabil und garantiert die Entfaltung des Bürgers in Gesellschaft und Wirtschaft. All dies schafft Vertrauen innerhalb und außerhalb der USA, sodass beispielsweise die meisten Investitionen im Ausland dort getätigt werden.

Dieses robuste politische und wirtschaftliche System zeigt (v. a. aus europäischer Sicht) einige Schattenseiten. Es herrscht ein rauer Wettbewerb mit geringer sozialer Absicherung, geringfügigen Leistungen im Bereich der Sozialversicherung, starken Unterschieden zwischen Reichen und Armen, wobei Letztere besonders zwischen den ethnischen Grenzen auftreten. Weiße sind meist wohlhabender als Schwarze oder Hispanics, verfügen über eine bessere Bildung und leben in einem ansprechenderen Umfeld. Das schafft zusätzliche Spannungen. Bevölkerungswissenschaftler prognostizieren, dass der Anteil der Weißen von derzeit 75 % im Jahr 2050 auf ca. 50 % der Bevölkerung sinken wird, während Schwarze, Hispanics (heute je 13 %), Asiaten (heute 3,6 %) und Indianer die anderen 50 % stellen werden. Eine solche Entwicklung dürfte das innere Gefüge der USA ändern und verstärkt zu Auseinandersetzungen zwischen den Ethnien führen, wie dies bereits in einigen großen Städten geschehen ist. Eine solche Gefahr besteht insbesondere in der Folge von Wirtschaftskrisen. Viele sehen jetzt schon eine Beeinträchtigung des American Way of Life und fordern, dass sich die ethnischen Minderheiten mit ihrer Sprache und ihren Bräuchen dem dominierenden amerikanischen Lebensstil anpassen. Ferner befürchten viele, dass die innere Integrationskraft (*melting pot*: Schmelztiegel) der USA nachlässt und sich die einzelnen ethnischen Gruppen weniger als US-Amerikaner begreifen als die Einwanderer des 19. Jahrhunderts. Am Ende einer solchen Entwicklung stünde die Gefahr einer Auflösung der USA in ethnisch dominierte Territorien. Träte eine solche Entwicklung ein, bedeutete dies wohl eine Schwächung, wenn nicht gar das Ende der Supermacht-Rolle der USA. Gegenwärtig scheinen die USA jedoch auf einem Höhepunkt ihres weltpolitischen Einflusses zu stehen. Ihre Streitkräfte sind mit modernster Technik ausgestattet und verfügen über ausreichende Finanzmittel.

Heer, Marine und Luftwaffe (einschließlich Raketensysteme) sind weltweit verfüg- und einsetzbar. Ein erdumspannendes Stützpunktsystem und Flugzeugträger als schwimmende Stützpunkte bilden hierfür eine wichtige Basis. Nur so war es möglich, dass sich die USA nach 1990 in mehreren Kriegen und Krisen teilweise erfolgreich einsetzen konnten. Sie praktizierten dies in den 90er-Jahren in drei Regionen. Im Stil „klassischer Kriege" verliefen die beiden Golfkriege 1991 und 2003 gegen den Irak. Als Folge der überlegenen US-Land- und Luftstreitkräfte musste sich der Irak 1991 aus dem besetzten Kuwait zurückziehen und 2003 im Innern kapitulieren. Andererseits gelingt es den USA nach militärischen Erfolgen nicht, eine stabile politische Nachkriegsordnung zu errichten. Beispiele hierfür sind gegenwärtig die von bürgerkriegsähnlichen Konflikten geprägten Staaten Irak und Afghanistan.

In **Ost- und Zentralafrika** lieferten sich rivalisierende Völker und lokale Machthaber erbitterte Kämpfe und Bürgerkriege. Die USA intervenierten daraufhin in Somalia, Ruanda und Zaire (Kongo), konnten aber diese Konflikte kaum beilegen und mussten sich zurückziehen.

Seit 1991/92 tobten im ehemaligen **Jugoslawien** kriegerische Auseinandersetzungen zwischen Serben, Kroaten und Moslems. Besonders hart verlief dieser Krieg in Bosnien-Herzegowina. Nur durch das Engagement der USA durch Diplomatie, militärischen Druck und Wirtschaftsembargos gelang es schließlich 1995 in Dayton bei Washington, ein Friedensabkommen zu schließen. Gleiches gilt ansatzweise für den Krieg im Kosovo 1999.

Sehr schwierig gestaltet sich der Friedensprozess im **Nahen Osten**, besonders zwischen Israel und den Palästinensern. Ohne US-Druck auf beide Seiten, gepaart mit finanziellen und wirtschaftlichen Hilfen, ist es unwahrscheinlich, dass der Nahe Osten befriedet werden kann. So scheint es am Anfang des 21. Jahrhunderts, dass die USA als einzige weltweit handlungsfähige Macht bei allen wichtigen Krisenherden eine bedeutende Rolle spielen, zuweilen gesehen als der „Weltpolizist", ohne dessen Eingreifen viele Regionen der Erde noch häufiger in kriegerische Auseinandersetzungen gerieten.

Der israelische Ministerpräsident Yitzhak Rabin und der jordanische König Hussein beenden nach 46 Jahren den Kriegszustand zwischen ihren beiden Ländern in Washington.

Spätestens hier stellt sich die Frage, welche **Ziele** die USA in ihrer **Außenpolitik** verfolgen und welche Mittel und Methoden dabei verwendet werden. In den Zeiten der Bipolarität musste sich die außenpolitische Aktivität den Erfordernissen des Kalten Krieges und der Eindämmung der sowjetischen Expansion unterordnen. Dieses Erfordernis fällt jetzt weg. Demzufolge lassen sich mehrere übergeordnete Ziele erkennen.

Zum einen wollen die USA die wichtigste Macht der Welt bleiben, sodass sie maßgeblichen Einfluss in allen Teilen der Erde ausüben können. Zum anderen möchten sie eine Weltwirtschaftsordnung durchsetzen, die den Prinzipien der Marktwirtschaft und des freien Welthandels entspricht, also ihrem eigenen Wirtschaftssystem ähnelt.

Weiterhin gibt es immer wieder eine starke „ideologische" Komponente in ihrer Außenpolitik. Diese spielte schon nach den beiden Weltkriegen, besonders auch bei der Deutschlandpolitik, eine wesentliche Rolle und gipfelte in der Forderung, „to make the world safe for democracy". Der Welt sollte die – amerikanisch verstandene – Form der Demokratie näher gebracht werden, was bedeutet, gegen Verletzungen der Menschrechte und für die Errichtung demokratischer Systeme einzutreten.

Zuweilen neigen die führenden US-Politiker, wie beispielsweise der seit 2000 amtierende Präsident **George W. Bush** dazu, die weltpolitische Lage relativ undifferenziert zu betrachten. „Gute" Staaten sind solche, die die USA als zuverlässige Verbündete betrachten, „böse" Staaten diejenigen, die sich den Ansprüchen der USA widersetzen. Dies führt auch zu Konflikten mit Europa, das oft einen kritischeren Blickwinkel bei weltpolitischen Entwicklungen einnimmt. Ferner können die „ökonomische" Komponente in der US-Außenpolitik und die Forderung nach mehr Demokratie auf der Welt in Konflikt geraten, so z. B. bei Wirtschaftsbeziehungen mit China, obwohl in diesem Land Menschenrechte verletzt werden.

Aus den Grundprinzipien der US-Außenpolitik ergibt sich insgesamt ein großes Bedürfnis nach Stabilität, Rechtsstaatlichkeit und Freiheitlichkeit auf der Erde. Dazu bedarf es stabiler Partner. Fehlen diese, gilt es, stabile Verhältnisse zu schaffen, da sich sonst freie Wirtschafts- und demokratische Verhältnisse nicht realisieren lassen.

Hieraus folgt ein überragendes Interesse der USA an der Einigung Europas. Die Ausdehnung der EU nach Osten und Südosten würde Europa, vor allem den Balkan erheblich stabilisieren und gleichzeitig sichere und prosperierende Märkte bedeuten. Gleiches gilt für Russland. Nur demokratische und stabile wirtschaftliche Verhältnisse lassen Russland zu einem verlässlichen Partner werden und einen Rückfall in frühere Verhältnisse vermeiden.

In Ostasien wie auch im Nahen und Mittleren Osten gelten ähnliche Prioritäten. Bei Staaten, die den westlichen politischen und kulturellen Traditionen fern stehen, wie die arabische Welt, Iran oder China, dominieren eher wirtschaftliche Interessen und der Aspekt der politischen Stabilität, zumal diese Regionen kaum eine Tradition bezüglich westlich verstandener Menschenrechte und Demokratie aufweisen.

Anders verhält es sich bei Israel. Hier fühlen sich die USA moralisch, politisch und ökonomisch verpflichtet, die Lebensgrundlage des jüdischen Staates zu sichern. Dies geschieht auch mithilfe des starken Einflusses der jüdischen Bevölkerung auf Wirtschaft und Politik in den USA.

Es bleibt abzuwarten, ob und wann es im 21. Jahrhundert einen Staat oder eine Staatengruppierung geben wird, der oder die ernsthaft als konkurrierende weitere Supermacht gelten könnte.

Die Rolle Deutschlands nach der Wiedervereinigung

Die Wende von 1989/90 hat nicht nur die deutsche Einheit herbeigeführt und den Ostblock aufgelöst, sondern auch die Rolle des nun vereinigten Deutschlands verändert. Zwar beschäftigen sich die Deutschen selbst zumeist mit den Problemen des Zusammenwachsens ihres Staates sowie der Entwicklung in den östlichen Bundesländern. Das Ausland hingegen fragte bald, welche internationale Rolle Deutschland künftig einnehmen würde. Neben der Freude über die wiedergewonnene deutsche Einheit äußerten Beobachter auch die Vermutung, Deutschland könnte sich, nachdem es die innere Einheit vollzogen habe, wieder als unkalkulierbare Großmacht verhalten.

Diese Befürchtungen gründen im Auftreten Deutschlands im Vorfeld der beiden Weltkriege. Deutschland war damals der dominierende Staat auf dem europäischen Kontinent. Seine Bevölkerungszahl und seine Wirtschaftskraft bildeten die Basis für eine expansionistische Politik. Das Ausland hatte aber auch erfahren, dass sowohl die Weimarer Republik als auch die beiden 1949 entstandenen deutschen Staaten international nicht als „Störenfriede" auftraten. Nach 1990 nun schien Deutschland wieder stark und unter Umständen unberechenbar zu werden. Diese Befürchtungen hegten um 1990/91 sogar Teile der politischen Elite in Großbritannien, Frankreich und Polen.

Vor diesem Hintergrund bleibt zu fragen, wie sich die **deutsche Position in der internationalen Politik** heute darstellt. Eine Analyse der deutschen Interessenlage muss von der neuen deutschen Staatlichkeit im Gesamtkontext der europäischen Politik ausgehen. Erstmals seit der Gründung des Deutschen Kaiserreiches 1871 gibt es praktisch keine territorialen Streitigkeiten mit den Nachbarn. Die Grenzen sind unstrittig, die Ostgrenze an der Oder ist vertraglich gesichert. Nur wenige Rechtsextremisten träumen davon, dass die ganz überwiegend polnisch besiedelten ehemaligen deutschen Ostgebiete wieder deutsch werden sollten. Gleiches gilt für das ehemalige Sudetenland in Tschechien. Auch die Eigenstaatlichkeit Österreichs ist heute selbstverständlich. Diese Grundtatsache deutscher Staatlichkeit wird auch nicht durch gelegentliche vermögensrechtliche Fragen seitens der Vertriebenen beeinträchtigt.

Die beiden Weltkriege und deren Folgen haben in Deutschland zu einer Veränderung des nationalen Bewusstseins geführt. Die meisten Deutschen haben verglichen mit Frankreich oder Großbritannien ein nur wenig ausgeprägtes Nationalgefühl. Somit fehlt die psychologische Basis für eine nationalistische und expansionistische Außenpolitik. Daran ändern auch gelegentliche Wahlerfolge rechtsextremer Parteien nichts. Die Demokratie als Staats- und Gesellschaftssystem ist fest im Volk verankert.

Die unter dem ersten Bundeskanzler Konrad Adenauer vollzogene Integration Westdeutschlands in das Bündnis- und Wirtschaftsgefüge der westlichen Staatenwelt (NATO, WEU, EU) gilt weiterhin als Basis der deutschen Außenpolitik. Es erscheint heute undenkbar, dass Deutschland außerhalb dieser Institutionen agieren würde. Die NATO garantiert Sicherheit und Frieden, die EU wirtschaftliche Prosperität. Mittlerweile sind die Verflechtungen Deutschlands mit seinen EU-Partnern so intensiv, dass über die Hälfte des deutschen Außenhandels innerhalb der EU stattfindet, eine Abkehr von dieser Westintegration wäre für die deutsche Wirtschaft katastrophal. Deutschland hat also ein starkes Eigeninteresse an der EU. Daher ist die Festigung und Vertiefung der EU ein Ziel deutscher Politik. Deutschland unterstützt die Osterweiterung,

Deutsche Soldaten sind Teil der internationalen KFOR-Truppen, die die Friedensregelungen nach Ende des Kosovokriegs militärisch absichern.

die aufgrund der Mittellage Deutschlands in Europa aus wirtschaftlichen und politischen Gründen seinen Interessen entspricht. Hierfür spricht z. B. die Entwicklung der europäischen Verkehrsstruktur mit Deutschland als Haupttransitland Europas, die Schaffung eines erweiterten integrierten Marktes, die Wohlstandsmehrung in Osteuropa sowie eine verbesserte deutsche Sicherheitslage.

Aufgrund der Westintegration Deutschlands dürfte es kein grundsätzliches Problem sein, die guten Beziehungen zu den westlichen Nachbarn, besonders zu den USA, zu Frankreich und Großbritannien zu vertiefen, und zu den östlichen Nachbarn, vor allem zu Polen, Tschechien und Ungarn, zu intensivieren. Gleichzeitig gilt es, die Beziehungen zu Russland so zu gestalten, dass dieser größte europäische Staat weiterhin an der Entwicklung des Kontinents teilnimmt und nicht ausgeschlossen wird, wobei die Wirtschafts- und Sicherheitsinteressen Ostmitteleuropas zu respektieren sind.

Von Deutschland als in EU und NATO integrierte europäische Großmacht erwartet das Ausland in wirtschaftlicher Hinsicht Entwicklungshilfe, internationale Finanzhilfen, humanitäre Aktionen, aktive Gestaltung eines freien Welthandels und in sicherheitspolitischen Fragen internationales Engagement. So wie es für Frankreich oder Großbritannien selbstverständlich ist, sich an internationalen Aktionen zur Friedenssicherung zu beteiligen, so gilt das jetzt auch für Deutschland im Rahmen von NATO- und UNO-Einsätzen. Die **Nischensituation**, die für die alte Bundesrepublik existierte, gibt es nicht mehr. Deutschland muss jetzt voll verantwortlich Sicherheits- und Friedenspolitik sowohl über die eigenen als auch über die NATO-Grenzen hinaus betreiben.

Das jüngste Beispiel für diese neue Ausrichtung der deutschen Außenpolitik ist der **Einsatz der Bundeswehr in Afghanistan** seit dem Jahr 2002, nachdem im Jahre 2001 das Regime der islamistisch-fundamentalistischen

Taliban durch die Armee der USA beseitigt worden war. Seitdem versucht die Bundeswehr gemeinsam mit anderen Armeeeinheiten das Land zu befrieden, beim zivilen Aufbau zu helfen und damit eine Wurzel des internationalen Terrorismus zu bekämpfen. Vergleichbare Einsätze gab es in den 90er-Jahren in einigen Nachfolgestaaten des ehemaligen Jugoslawien. Solche Einsätze liegen auch im wohlverstandenen Eigeninteresse Deutschlands. Denn nur durch eine Sicherung des Friedens, einen Ausbau der militärischen und wirtschaftlichen Integration Europas – in enger Anlehnung an die USA – lassen sich Wohlstand und politische Demokratie langfristig sichern.

Es besteht die Tendenz, den Einsatz der **Bundeswehr** auszudehnen, beispielsweise durch die Entsendung von Aufklärungsflugzeugen nach Afghanistan, von Marineeinheiten vor die libanesische Küste oder von Soldaten in den Kongo, um die dortige Hauptstadt bei Wahlen zu befrieden.

Zusammenfassung

Seit den 90er-Jahre hat sich die internationale Politik verändert. Entscheidend war der Zusammenbruch des Ostblocks, die Wiedervereinigung Deutschlands, der Zusammenbruch der Sowjetunion und eine neue staatliche Struktur in Mittel- und Osteuropa. Daraus ergeben sich folgende wichtige Aspekte:

- Die USA sind und bleiben auf absehbare Zeit die einzige weltweit agierende Supermacht, die in der Lage ist, in globale Konflikte einzugreifen.
- Russland bleibt eine geschwächte Großmacht mit zahlreichen grundlegenden Problemen in der Wirtschaft und im politischen System.
- Die baltischen Staaten sowie die meisten ehemaligen Warschauer-Pakt-Mitglieder sind EU- bzw. NATO-Mitglieder geworden oder möchten diesen Organisationen beitreten, um Sicherheit und Wohlstand zu erreichen.
- In Ostasien entsteht ein neues politisch-ökonomisches Kraftfeld durch Japan, China, Indien und andere aufstrebende Staaten.
- In Lateinamerika scheint sich die Demokratie als Staatsform zu etablieren, während die Zustände in den meisten Staaten Schwarzafrikas in wirtschaftlicher und politischer Hinsicht als sehr problematisch anzusehen sind.
- Die deutsche Außenpolitik agiert im Rahmen der internationalen Einbindung Deutschlands, besonders in die NATO, die EU und die UNO. Eine engstirnige, nationalistische Außenpolitik Deutschlands ist sehr unwahrscheinlich und widerspräche noch dazu gänzlich der eigenen Interessenslage.
- Die Bekämpfung des internationalen Terrorismus ist ein neues Aufgabenfeld, das neue und intensivere Kooperationsformen erfordert.

Internationale Organisationen zur Konfliktregelung

Die Beziehungen zwischen den Staaten und Regionen werden zunehmend verflochtener und komplexer. Es entstehen weltumspannende Netzwerke im Bereich des Handels, der Finanzen, der Produktion, der Medien, der Kultur. Krisen und Kriege wirken sich nicht nur regional, sondern vielfach weltweit aus. All dies lässt sich unter dem Stichwort der **Globalisierung** kennzeichnen. Auch die Politik handelt heute globaler und muss enge nationale und regionale Grenzen überwinden.

Als Reaktion auf diese weltpolitischen Entwicklungen haben sich zahlreiche Organisationen gebildet, die einerseits regional, häufig jedoch global, also weltumspannend, in bestimmten Sachgebieten agieren oder gar verschiedenste Bereiche internationaler Beziehungen umfassen. Bei diesen internationalen Organisationen lassen sich zwei Grundtypen unterscheiden:

- Organisationen, die von einzelnen Staaten, Staatengruppen oder fast allen Staaten getragen werden, und
- Organisationen, die nicht direkt von Staaten bzw. deren Regierungen getragen werden. Diese bezeichnet man als **Nicht-Regierungs-Organisationen (NROs)** oder (engl.) **NGOs** (Nongovernmental Organisations).

Im Folgenden sollen beide Grundtypen, deren Aufgaben und Funktionsweisen erläutert werden. Dies geschieht vornehmlich, indem einige typische und bedeutende Beispiele beschrieben werden.

Von den Staaten getragene Organisationen

Seit 1945 haben sich zahlreiche internationale Organisationen gebildet, die von Einzelstaaten getragen werden. Zu den bedeutendsten dieser Zusammenschlüsse zählen die UNO, die NATO und die OSZE.

Die UNO

Die vielen internationalen Konflikte, Bürgerkriege, Probleme der Dritten Welt, Fragen der Weltwirtschaft und regionalen Probleme verlangen immer mehr nach Lösungen, die einzelne Staaten oder Staatengruppen kaum bewältigen können. Zu diesem Zweck wurden am 26. 6. 1945 als Reaktion auf die Katastrophe des Zweiten Weltkriegs durch 51 Staaten die **Vereinten Nationen** (VN; engl. UNO für United Nations Organisations) gegründet. Bis 2006 vergrößerte sich die Zahl Ihrer Mitglieder auf 192 Staaten. Abgesehen von wenigen Ausnahmen wie Taiwan, Vatikanstadt, der Türkischen Republik Nordzypern und der Demokratischen Arabischen Republik Sahara sind also alle Staaten der Erde Mitglieder der Vereinten Nationen.

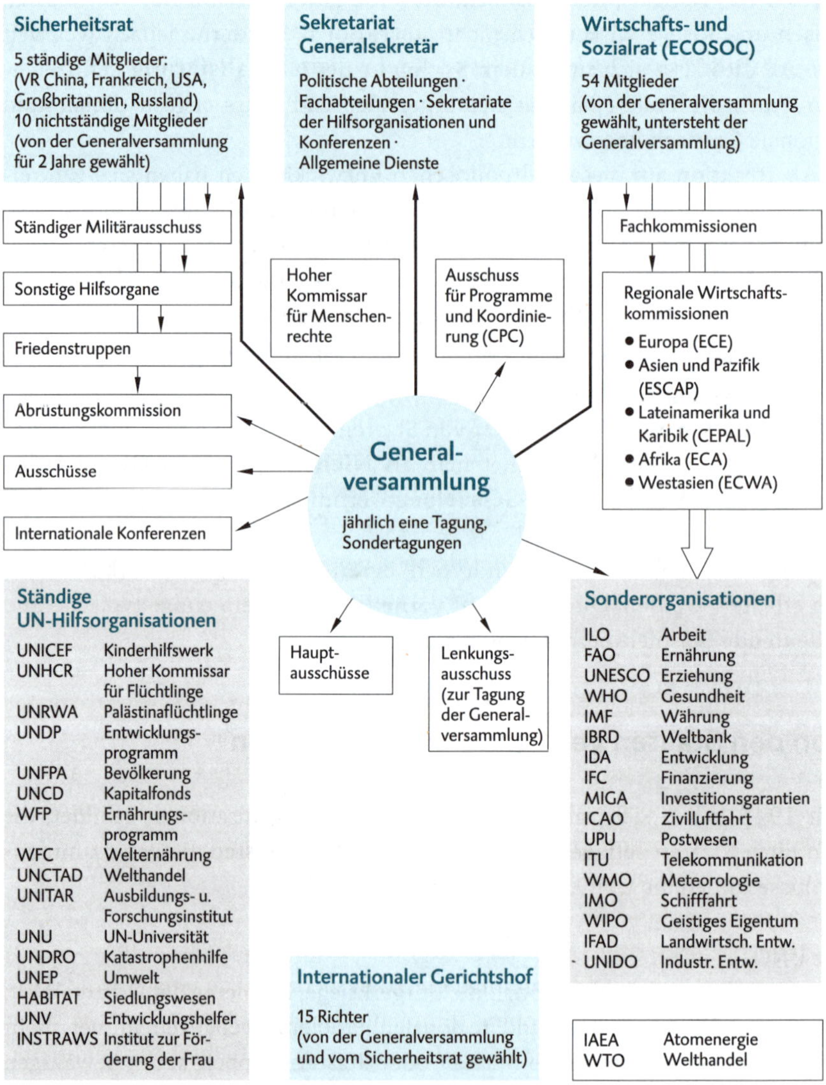

Die **Charta der Vereinten Nationen** (quasi das Grundgesetz, die Verfassung der UNO) umfasst 111 Artikel, in denen die Ziele und die Organisationsstruktur beschrieben werden. Die UNO strebt im Kern **vier Hauptziele** an:

- Sicherung und Bewahrung des Weltfriedens durch wirksame Koalitionsmaßnahmen, um Angriffshandlungen zu unterbinden und internationale Konflikte zu lösen;
- Herstellung friedlicher, freundschaftlicher Beziehungen zwischen im Prinzip gleichberechtigten und souveränen Staaten;
- Herstellung einer internationalen Zusammenarbeit, um Probleme wirtschaftlicher, sozialer, kultureller und humanitärer Art zu lösen;
- Forum der Weltgemeinschaft sein, das einen intensiven Gesprächsaustausch zwischen den Staaten fördert.

Eine wesentliche Aufgabe der UNO liegt in der weltweiten Sicherung der **Menschenrechte**. Hierzu wurde 1948 eine Allgemeine Erklärung der Menschenrechte verabschiedet. Die Staaten sollen regelmäßig über die Frage der Menschenrechte in ihrem Bereich berichten. Allerdings verfügt die UNO über keine wirksamen Instrumente, Verletzungen der Menschenrechte zu ahnden, da die Interessen der Einzelstaaten diesbezüglich oft stark divergieren.

Die Konstruktion der UNO brachte es mit sich, dass sich in Zeiten der Bipolarität die Westmächte und die UdSSR gegenseitig blockierten und eine effektive Arbeit nur teilweise möglich war. Diese Lähmung hat sich seit 1990/91 vermindert und daher die UNO wieder stärker in eine Rolle gebracht, von der man wichtige Beiträge für die oben genannten Aufgaben erwartet. Die Organisation der UNO hat sich seit 1945 im Kern nicht verändert, ist allerdings umfangreicher geworden. Dies gilt besonders für die zahlreichen Hilfs- und Sonderorganisationen.

Die wichtigsten Organe sind die Generalversammlung, der Sicherheitsrat, der Generalsekretär und der Internationale Gerichtshof. Die **Generalversammlung** könnte man als das Parlament der UNO bezeichnen. Alle mittlerweile 192 Mitgliedstaaten der UNO verfügen in der Generalversammlung über Sitz und Stimme. Einmal im Jahr (meist im Herbst) trifft man sich im New Yorker UNO-Gebäude, um wichtige Fragen der Welt- und Regionalpolitik zu diskutieren. Jeder Staat kann sich daran beteiligen. Oftmals erscheinen dazu auch Staats- und Regierungschefs und tragen die Position ihrer Staaten vor. Im Laufe dieser Versammlungen werden mehrheitlich entstandene, nicht rechtsverbindliche Resolutionen (Empfehlungen) verabschiedet, auf deren Grundlage beispielsweise der Generalsekretär oder der Sicherheitsrat konkrete Maßnahmen einleiten können.

Über diese Aufgabe hinaus erfüllt die Generalversammlung weitere wichtige Funktionen. Sie stellt das zentrale Diskussionsforum für alle beteiligten Staaten dar. Hier verabreden sich auch Persönlichkeiten, deren Zusammentreffen an anderen Orten auf der Erde unmöglich wäre. Somit bahnen sich „hinter den Kulissen“ oft wichtige Entscheidungen und Lösungen an. Des Weiteren wählt die Generalversammlung den Generalsekretär der UNO (seit 2007 der Südkoreaner Ban Ki-moon), die Exekutive der UNO, und zusammen mit dem Sicherheitsrat die 15 Mitglieder des Internationalen Gerichtshofes mit Sitz im niederländischen Den Haag.

Man erkennt, dass die Generalversammlung überwiegend ein Diskussionsforum bietet, von den Kompetenzen eines Parlaments aber weit entfernt ist. Den größten Einfluss übt der **Sicherheitsrat** aus. Dieses Gremium besteht aus 15 Vertretern, fünf ständigen und zehn nichtständigen Mitgliedern. Letztere wechseln alle zwei Jahre und vertreten die verschiedenen Weltregionen. Auch Deutschland war bereits viermal nichtständiges Mitglied. Die Wahl dazu erfolgt durch die Generalversammlung. Im Gegensatz dazu müssen die fünf ständigen Mitglieder China, Frankreich, Großbritannien, Russland (früher UdSSR) und die USA nicht gewählt werden, da sie durch die Satzung der UNO automatisch Mitglieder im Sicherheitsrat sind.

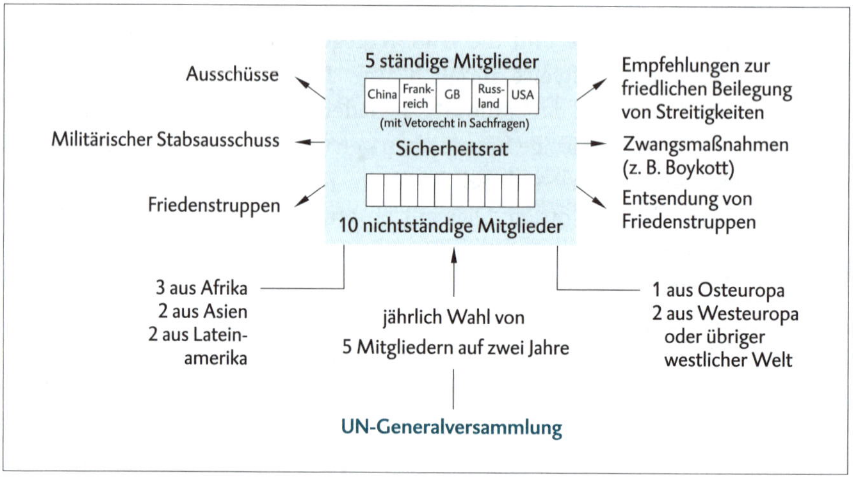

Im Gegensatz zu den zehn nichtständigen Mitgliedern verfügen die fünf ständigen über ein **Veto-Recht**. Das bedeutet, dass alle Entscheidungen durch ein Veto (lat.: ich verbiete) blockiert werden können. Dieses Veto-Recht verleiht den betreffenden Staaten eine herausgehobene Stellung und verhindert, dass die Interessen dieser fünf Staaten in größerem Umfang negativ berührt werden.

In den Zeiten der Bipolarität legte die UdSSR oft ihr Veto ein, seit 1990/91 trat ein Wandel ein, der die Arbeit der UNO effektiver werden ließ. Seitdem die USA ihre Rolle als einzig verbliebene Weltmacht allerdings stärker als in den 90er-Jahren wahrnehmen, besonders seit dem Amtsantritt von Präsident George W. Bush im Jahre 2000, geht die Bedeutung der Vereinten Nationen eher wieder zurück, weil sich die USA Beschlüssen der UNO nicht beugen wollen. Geradezu ohnmächtig musste die UNO aus dieser Perspektive zusehen, wie die USA und Großbritannien im Jahre 2003 einen Krieg gegen den Irak ohne ein Mandat der UNO führten.

Trotz der genannten Einschränkung wurde das Amt des **Generalsekretärs** bedeutsamer. Dieser, oberster Beamter der UNO und ausführendes Organ von Beschlüssen, konnte jetzt stärker Initiativen ergreifen, z. B. Vorlagen für den Sicherheitsrat und die Generalversammlung erstellen. Alle Beteiligten, die Großmächte eingeschlossen, wünschen in der jetzigen Lage, dass Konflikte, die sie nicht direkt betreffen, durch die grundsätzlich neutrale UNO gelöst werden. Dies verschafft dem Generalsekretär mehr Spielraum, auch für militärische friedensstiftende Aktionen, bei denen er auf Truppenkontingente nationaler Armeen zurückgreifen muss. Ehe es dazu kommt, UN-Truppen, die sogenannten **„Blauhelme"** einzusetzen, ist ein Verfahren des Sicherheitsrates erforderlich, bei dem zunächst Ratschläge an Konfliktparteien, Wirtschafts- und militärische Sanktionen im Vordergrund stehen. Setzt die UNO Truppen ein, dürfen diese Waffen nur zur Selbstverteidigung verwenden. Häufig werden die Blauhelme zwischen den Konfliktparteien stationiert, um durch eine Pufferzone – wie in Zypern – einen effektiven Waffenstillstand zu gewährleisten. Ein diplomatisch geschickter Generalsekretär wird solche Maßnahmen durch intensive Vorgespräche so absichern, dass der Sicherheitsrat dem Vorhaben zustimmt. Trotzdem verhindern die fünf Veto-Mächte immer wieder Entscheidungen des Sicherheitsrats, indem Sie Einspruch (Veto) einlegen.

Das letzte wichtige Organ ist der **Internationale Gerichtshof**. Die 15 Richter des Internationalen Gerichtshofes werden auf neun Jahre vom Sicherheitsrat und der Generalversammlung mit jeweils absoluter Mehrheit gewählt, wobei kein Staat ein Vetorecht besitzt. Jeder Staat darf immer nur einen Richter stellen, die die verschiedenen Kultur- bzw. Rechtskreise der Erde repräsentieren. Zu Richtern sollen nur angesehene Persönlichkeiten gewählt werden, die die Regeln des internationalen und Völkerrechts beherrschen. Die Zuständigkeit des Gerichts bezieht sich auf Streitfälle zwischen Staaten und Staatengemeinschaften. Als Gerichtsparteien treten Staaten auf, sodass Streitfälle nur behandelt werden, wenn ein Staat eine Anklage erhebt. Ergangene Urteile sind von den Staaten zu akzeptieren. Sollte dies nicht der Fall sein und sich ein Staat einem Urteil widersetzen, bleibt nur die Möglichkeit, dass der Sicherheitsrat Maßnahmen ergreift, um ein Urteil durchzusetzen.

Neben dem Internationalen Gerichtshof existiert seit 2002 ein von der UNO unabhängiger **Internationaler Strafgerichtshof** (IStGH) mit Sitz ebenfalls im niederländischen Den Haag. Nach umfassenden Vorarbeiten gelang es auf einer internationalen Konferenz in Rom, ein diesbezügliches Vertragswerk zu beschließen. Nach der Ratifizierung durch über 60 Staaten trat das Vertragswerk in Kraft. Die **Ziele** für den neuen Gerichtshof bestehen darin, Völkermord, Verbrechen gegen die Menschlichkeit (z. B. „ethnische Säuberungen"), Kriegsverbrechen und Verbrechen des Angriffskriegs zu verfolgen. Allerdings können einzelne Staaten oder auch die UNO teilweise die Arbeit blockieren oder verzögern, wenn sie negative Auswirkungen eines solchen Verfahrens befürchten. Trotz dieser Beschränkungen der Arbeit des IStGH lehnen die USA dieses neue internationale Gremium zur Wahrung des Völkerrechts ab, weil sie befürchten, dass US-Staatsbürger, wenn sie als Soldaten in vielen Teilen der Erde eingesetzt werden, aus politischen Gründen als mutmaßliche Kriegsverbrecher angeklagt werden könnten. Eine solche Einschränkung ihrer Souveränität wollen die USA nicht akzeptieren.

Die **Sonder- und Hilfsorganisationen** der UNO befassen sich mit zahlreichen Teilbereichen der internationalen Beziehungen. Hiervon konzentriert sich ein großer Teil auf die Arbeit in Staaten der Dritten Welt, die Hilfe in vielen Bereichen benötigen. Beispielsweise kümmert sich die UNICEF um das

Schicksal und die Rechte von Kindern. Über den UNHCR hilft die UNO Flüchtlingen, indem z. B. Zelte und Nahrungsmittel geliefert werden.

Die häufigsten Aktionen der UN sind Hilfsmaßnahmen für die Not leidende Zivilbevölkerung, wie das von deutschen Blauhelmsoldaten geführte Krankenhaus in Kambodscha.

Viele Sonderorganisationen bemühen sich darum, durch Vereinbarungen die internationale Kommunikation oder den Welthandel zu vereinfachen beziehungsweise anzuregen.

Eine Würdigung der Arbeit der UNO fällt nicht leicht, da die Urteile von wenig effektiv bis recht sinnvoll reichen, wobei die kritischen Urteile früher eindeutig überwogen. Gegenwärtig steht eher das Problem einer möglichen **Strukturreform der UNO** im Vordergrund. Bei all diesen Überlegungen ist es immer wichtig, welchen Maßstab, welche Erwartungen man an die Tätigkeit der UNO anlegt. Fragt man sich, warum es innerhalb eines Staates gelingt, inneren Frieden zu sichern, so gelangt man zu der Tatsache des **„Gesetzes- und Gewaltmonopols“** des Staates. Nur der Staat mit seinen Organen (Parlament, Regierung, Justiz, Polizei, Armee) ist in der Lage, Recht und Gesetz, notfalls mit Gewalt durchzusetzen. Staaten, in denen dies nicht gelingt, zerfallen.

Hieraus lässt sich das Grundproblem der UNO auf internationaler Ebene ansprechen: Die UNO ist kein „Superstaat“ mit einem Monopol auf die Durchsetzung von Rechtsvorschriften. Ihre Exekutivorgane sind zu schwach, um notfalls mit Gewalt für Recht und Ordnung zu sorgen, trotz der Ansätze, die es dazu bereits gibt.

Legt man den Ansatz des „Superstaates“ beiseite, wird der Blick frei für institutionelle Mängel, deren Reduzierung die Effektivität der UNO erhöhen würde. Dies dürfte jedoch ein langwieriger Prozess sein, geht damit doch eine Einschränkung der Souveränität der Mitgliedsstaaten einher. Aus der Geschichte der europäischen Einigung erkennt man, wie schwierig ein solcher Vorgang schon in einem relativ homogenen Kulturkreis ist. Also wird man sich wohl damit begnügen müssen, mit kleineren Reformen voranzukommen.

Überfällig erscheint eine **Reform des Sicherheitsrates**. Dieser spiegelt immer noch die Machtverteilung bei der Gründung der UNO 1945 wider. Eine Reform müsste also die Anzahl der Mitglieder und deren Kompetenzen betreffen. Insbesondere erscheint die Stellung der fünf ständigen Mitglieder als überholt. Bis auf China finden sich darunter nur „weiße" Mächte. Afrika und Lateinamerika sind nicht vertreten. Auch die ständigen Mitglieder Frankreich und Großbritannien spielen längst nicht mehr die Rolle, die sie 1945 innehatten. Mögliche Reformmodelle beinhalten eine Vergrößerung des Sicherheitsrates um ständige Mitglieder. Wesentlich ist auch die Frage, wer und wann ein Vetorecht ausüben darf. Als mögliche neue ständige Mitglieder werden Brasilien, Nigeria, Ägypten, Indien, Deutschland, Italien oder auch die EU anstelle der europäischen EU-Staaten genannt. Bisher konnten sich die UN-Staaten auf kein Reformmodell verständigen.

Dass in der **Generalversammlung** weiterhin alle Staaten vertreten sein sollen, ist unstrittig. Es stellt sich jedoch die Frage, ob mehr Kompetenzen auf dieses Gremium übertragen werden sollten, was wohl zulasten des Sicherheitsrates ginge. Hierbei könnte sich seitens der Industriestaaten Widerstand ergeben, denn die Staaten der Dritten Welt bilden mittlerweile eine deutliche Mehrheit. Somit wären Beschlüsse zuungunsten der Ersten Welt denkbar.

Eine Reform der UNO müsste auch die Exekutivgewalt des Generalsekretärs stärken, um eigenständiges Handeln der UNO zu ermöglichen. Dies setzt unter anderem eine zuverlässigere Finanzierung voraus. Die UNO verfügt über keine eigenständigen Einnahmequellen. Sie erhält ihre Gelder durch Beitragszahlungen der Staaten, insbesondere der reichen Industriestaaten. In der Vergangenheit stellte sich dies oft als Problem dar, leisteten doch einige bedeutende Länder wie die USA und Russland ihre Zahlungen zu spät oder gar nicht. Auf diese Weise fehlten der UNO zuweilen 20 bis 30 % der Haushaltsmittel, sodass kaum eine geregelte Tätigkeit möglich war. Sanktionen zur Zahlung der Beiträge könnte jedoch nur der Sicherheitsrat beschließen, in dem die beiden genannten Staaten aber über ein Vetorecht verfügen.

Zum Thema Exekutivgewalt gehört auch der Aspekt von zuverlässig verfügbaren UN-Streitkräften. Diese setzen sich aus Kontingenten der Einzelstaaten zusammen, sodass der Generalsekretär auf den guten Willen der Mitglieder angewiesen ist. Hinzu kommt die Frage, ob UN-Streitkräfte künftig auch offensiver vorgehen dürfen als bisher, sodass ihr Eingreifen von den Konfliktparteien ernster genommen wird. Vielfach wird auch die Effektivität der großen

Sonder- und Hilfsorganisationen angezweifelt. Kritiker werfen ihnen falschen Einsatz der Mittel und zu starke Bürokratisierung vor.

Trotz aller Kritik und der vielen Probleme, eingeschlossen die schwerfällige Reformfähigkeit, möchten auch die schärfsten Kritiker die UNO erhalten. Auf internationaler Ebene existiert kaum ein Ersatz für ihre Arbeit, es gibt kein vergleichbares Forum für den Austausch zwischen den Staaten. Manche Konflikte in Staaten der Dritten Welt aber auch auf dem Balkan in den 90er-Jahren konnten mithilfe der Vereinten Nationen entschärft werden. Viele Probleme der Entwicklungsländer werden den Industriestaaten erst durch die UNO richtig deutlich. Schließlich konnte der Gerichtshof manchen Rechtsstreit friedlich schlichten.

Die NATO und die Neustrukturierung Europas

Die 1949 gegründete **NATO** (vgl. S. 5) agiert nicht nur als Militärpakt, sondern auch als politische Organisation. Entscheidungen fallen nach dem Konsensprinzip einstimmig. In der Phase vor anstehenden Entscheidungen gibt es vielfältige Informationen und Konsultationen. Im politischen Bereich bilden der **Nordatlantikrat**, der **Generalsekretär** und **verschiedene Ausschüsse** die wesentlichen Gremien und Instanzen. Der Generalsekretär ist auch Chef der Militärorganisation, deren wesentliches Merkmal eine bereits in Friedenszeiten bestehende Integration von Führungsstäben und Truppenteilen darstellt. Vielfältige Normierungen sichern ähnliche militärische Standards und die schnelle Austauschbarkeit von Ausrüstungen, Planungen usw. Dies verleiht der NATO eine effiziente Militärorganisation.

Das Ende des Kalten Krieges hat nicht nur die UNO vor neue Aufgaben gestellt. Auch das Selbstverständnis der NATO und deren Auftrag mussten sich der neuen Lage anpassen. Insbesondere galt und gilt es, für die Staaten, die ehemals dem Warschauer Pakt angehörten, eine neue Perspektive zu eröffnen. Ähnlich wie im Verhältnis zur EU wollen viele Staaten des ehemaligen östlichen Verteidigungsbündnisses in eine Position geraten, in der sie sich sicher fühlen können. Deswegen möchten einige Mitglied der NATO werden.

Das **Gebiet der NATO** hat sich seit dem Ende der Bipolarität erheblich vergrößert und nach dem Osten Europas ausgedehnt. Satellitenstaaten der ehemaligen UdSSR sowie Teilrepubliken der Sowjetunion gehören mittlerweile der NATO an. Die Osterweiterung verlief in folgenden Etappen:

- Seit 1990 gehört das Gebiet der DDR aufgrund der Wiedervereinigung Deutschlands zur NATO.

- 1999 Beitritt der ehemaligen Warschauer-Pakt-Staaten Polen, Ungarn, Tschechien und Slowakei.
- 2004 traten die ehemaligen Warschauer-Pakt-Staaten Rumänien und Bulgarien bei, ferner die ehemaligen baltischen Sowjetrepubliken Estland, Lettland, Litauen und die ehemalige jugoslawische Teilrepublik Slowenien.

Somit umfasst die NATO mittlerweile 26 Staaten. Über die Mitgliedschaft hinaus bestehen mit weiteren Staaten vertragliche Verbindungen. Erwähnt sei in diesem Zusammenhang der **NATO-Russland-Kooperationsrat**, in dem beide Seiten in wichtigen internationalen Fragen kooperieren, um Krisen, Konflikte und Kriege zu entschärfen oder zu lösen.

Der **Aufbau der NATO** ist trotz der internationalen Veränderungen seit 1989 im Kern gleich geblieben. Prinzipiell gibt es eine *politische* und *militärische Struktur*, wobei der **Primat** (Vorrang) **des Politischen vor dem Militärischen** gewahrt werden, also das Militärische gegenüber politischen Überlegungen eine dienende, zuarbeitende Funktion haben soll.

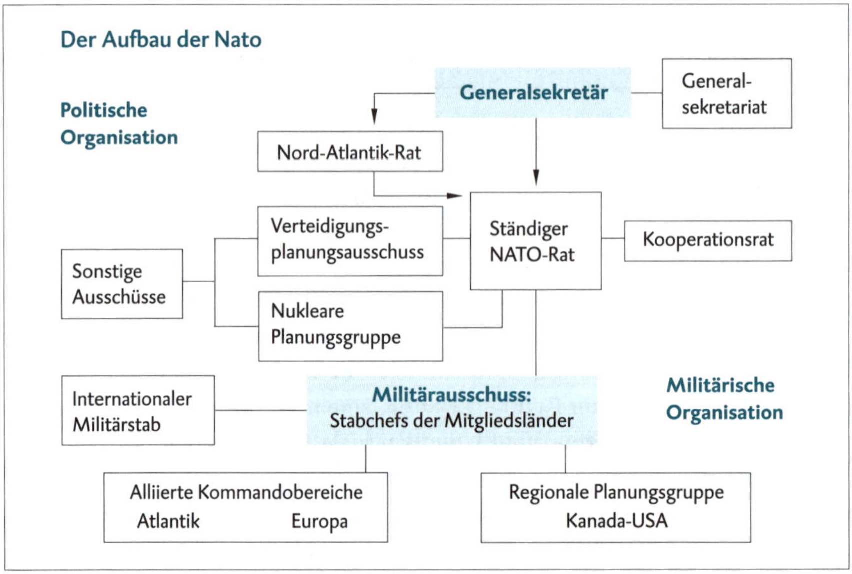

An der Spitze der NATO steht der **Generalsekretär** mit dem dazugehörigen Mitarbeiterstab des Generalsekretariats. Er leitet die laufenden Geschäfte der NATO, erstellt Vorlagen und führt Beschlüsse aus. Es ist NATO-Tradition, dass diese Position von einem Europäer besetzt wird (ab 2004 von dem Niederländer Jaap de Hoop Scheffer), um ein Gegengewicht gegen die deutliche

Dominanz der USA zu schaffen, wobei bisher allerdings ohne einen Konsens mit den USA kein NATO-Generalsekretär berufen wurde.

Das zentrale politische Gremium der NATO ist der von den Regierungschefs sowie den Außen- und Verteidigungsministern gebildete zweimal jährlich tagende **NATO-Rat**, der zentrale politische Entscheidungen trifft. Dies kann, wie bei einem Staatenbündnis üblich, nur im Konsens geschehen, wobei auch hier eine deutliche Dominanz der USA und der größeren Staaten besteht. Dem NATO-Rat sind weitere Ausschüsse zugeordnet, die sich besonders mit militärpolitischen Fragen befassen. Der wichtigste Ausschuss ist der **Militärausschuss**, dem die Stabschefs der nationalen Armeen angehören.

Die Entscheidungen der NATO entstehen durch das Zusammenwirken der Regierungen. Eine direkte demokratische Legitimation ist dadurch nur sehr indirekt gegeben. Allerdings gibt es eine **Beratende Versammlung** von Parlamentariern aus den NATO-Staaten. Die Abgeordneten werden von den nationalen Parlamenten entsandt. Sie können Empfehlungen zu politischen Fragen aussprechen, die jedoch für die NATO-Gremien nicht bindend sind.

Letzteres weist auf eine **neue Aufgabenstellung der NATO** seit dem Ende des Kalten Krieges hin. Ursprünglich definierte sich die Hauptaufgabe der NATO verteidigungs- und sicherheitspolitisch. Sie verstand sich als kollektiv handelndes Bündnis für alle Mitgliedsstaaten, um sich gegen mögliche Angriffe, besonders seitens der Staaten des Warschauer Paktes, zu wappnen. Seit der Auflösung des Ostblocks und der Aufnahme zahlreicher neuer Mitglieder aus dem östlichen Europa in die NATO ist diese Aufgabe stark zu relativieren. Daher hat die NATO im Jahre ihres 50-jährigen Bestehens 1999 eine neue Aufgabenstruktur beschlossen. Diese beinhaltet:

- Im Kern garantiert die NATO für ihre 26 Mitglieder weiterhin kollektive Sicherheit („ein Angriff auf einen NATO-Staat bedeutet einen Angriff auf alle anderen").
- Die NATO möchte im Rahmen einer **Partnerschaft für den Frieden** besonders mit ehemaligen Warschauer-Pakt-Staaten kooperieren.
- Die NATO möchte weltweit Beiträge leisten, um **Konflikte zu vermeiden** und **Krisen zu bewältigen**.

Diese geänderte Strategie hat erhebliche Auswirkungen auf die Politik und die Streitkräfte der beteiligten Staaten. Zunehmend tritt die klassische militärische Komponente zugunsten von Handlungen zurück, die ökonomische, ökologische, kulturelle und polizeiliche Aspekte beinhalten. Sicherheit wird vermehrt dadurch definiert, dass die Behandlung wirtschaftlicher und sozialer

Probleme ins Blickfeld der NATO geraten, um Krisen und Konflikte präventiv zu entschärfen.

Die neue NATO-Strategie wird von Kritikern als *imperialer Machtanspruch des Bündnisses* bezeichnet, unterstrichen insbesondere durch das gegenwärtige Bestreben der USA in verschiedenen Regionen der Welt, ihre Interessen und Wertvorstellungen auch militärisch durchzusetzen. Dies führt auch zu Konflikten innerhalb der NATO, weil nicht alle Staaten bereit sind, der amerikanischen Führungsmacht in ihren Intentionen zu folgen. Als Beispiel sei der **Irak-Krieg 2003** genannt, in dem einige NATO-Staaten unter Führung der USA mitwirkten, andere (z. B. Deutschland und Frankreich) eine Beteiligung strikt ablehnten. Solche Konflikte können die NATO von innen schwächen. Prinzipiell stellt sich die Frage, wann die NATO außerhalb ihres Gebietes intervenieren darf, besonders dann, wenn es keine Beauftragung seitens der UNO gibt.

Als Konsequenz der NATO-Strategie werden die Streitkräfte der NATO-Staaten den neuen Anforderungen angepasst. Dies gilt auch für die Bundeswehr. Insbesondere geht es darum, die Armeen so zu strukturieren, dass sie neben der Aufgabe der klassischen Landesverteidigung im Sinne einer **schnellen Eingreiftruppe** weltweit agieren können. In diesem Kontext sind auch die Bundeswehreinsätze außerhalb des NATO-Gebietes zu betrachten, z. B. in Afghanistan, im Kosovo, in Somalia oder im Jahre 2006 im Kongo, um die dortigen Wahlen zu sichern (zusammen mit Truppen weiterer EU-Staaten).

Die Organisation für Sicherheit und Zusammenarbeit in Europa

Eine Weiterentwicklung der KSZE (vgl. S. 19) stellt die **Organisation für Sicherheit und Zusammenarbeit in Europa (OSZE)** dar. Nach dem Ende des Kalten Krieges verpflichteten sich die KSZE-Staaten 1990 in der **Charta von Paris** auf Prinzipien ihres künftigen Verhaltens. Dieses sollte als Basis die pluralistische Demokratie, Rechtsstaatlichkeit und die Realisierung von Menschenrechten haben. Im Laufe der 90er-Jahre des 20. Jahrhunderts verabschiedeten die beteiligten Staaten mehrere Verträge, die die europäische Sicherheit, die Streitkräfte der Staaten sowie die gegenseitigen Beziehungen betreffen.

Ab 1995 wurde die KSZE in OSZE umbenannt. Seitdem existieren auch feste organisatorische Strukturen. Gegenwärtig gehören 56 Staaten der OSZE an: alle Staaten Europas, die Nachfolgestaaten der Sowjetunion, die USA und Kanada. Zusätzlich gibt es Kooperationspartner in Asien sowie im südlichen Mittelmeergebiet (besonders in Nordafrika).

Der organisatorische Rahmen der OSZE ist vielfältig und fester als der der KSZE. Die Organisation als solche hat ihren festen Sitz in Wien mit einem

Generalsekretär und einem Mitarbeiterstab. Jährlich wechselt der Vorsitz der OSZE. Im Jahr 2007 nimmt Spanien diese Funktion durch seinen Außenminister wahr. In mehr oder weniger regelmäßigen Abständen treffen sich die Außenminister bzw. die Staats- und Regierungschefs zu Konsultationen und eventuellen Beschlussfassungen.

Das Besondere an der OSZE ist ihr umfassendes Verständnis von Sicherheit bzw. deren Gefährdungen in den Mitgliedsstaaten. Die Sicherheit wird in drei Dimensionen gesehen:

- politisch-militärisch,
- ökonomisch und ökologisch sowie
- unter Aspekten der Menschenrechte.

Die Tätigkeitsfelder der OSZE beziehen sich daher auf Rüstungskontrolle, vertrauensbildende Maßnahmen, Einhaltung der Menschenrechte, Probleme ethnischer Minderheiten, Aspekte der Realisierung von demokratischen Grundprinzipien, Terrorismusbekämpfung, Wirtschaftsentwicklung, Umweltprobleme. Um diesen Aufgaben zu entsprechen, existieren Beauftragte für Medienfreiheit, für nationale Minderheiten und Menschenrechte.

Bisher war die OSZE folglich besonders in Krisengebieten Europas und Mittelasiens (ehemalige Sowjetrepubliken) mit Beobachtungsmissionen tätig, die beispielsweise Wahlen daraufhin beobachtet haben, ob sie demokratischen und rechtsstaatlichen Prinzipien entsprachen.

Hierbei zeigen sich auch die Grenzen der Effektivität der OSZE. Denn Beschlüssen liegt das **Konsensprinzip** zugrunde, d. h. letztlich das Einstimmigkeitsprinzip. Bei 56 Staaten ist es folglich leicht möglich, dass einzelne Staaten bestimmte Aspekte anders betrachten als die Mehrzahl der Mitglieder. Dieses faktische Vetorecht begrenzt die Effektivität der Organisation. Trotzdem hat sie im Laufe ihrer Existenz durch Berichte und Missionen immer wieder auf Probleme, Missstände, Irregularitäten (z. B. bei Wahlen) aufmerksam machen können und dadurch Beiträge zur Durchsetzung der oben genannten Prinzipien geliefert. Beispielsweise kritisierte die OSZE die Wahlmanipulationen 2004 in der Ukraine und half, dass der jetzige ukrainische Präsident in einer ordnungsgemäßen Wahl in sein Amt gelangte.

Künftig wird sich die Frage stellen, inwieweit sich Aufgaben von EU, NATO und UNO mit denen der OSZE überschneiden bzw. von den genannten Organisationen mit übernommen werden können, um Entscheidungsabläufe zu straffen und effektiver zu gestalten.

Weitere internationale Organisationen

Neben den beschriebenen Organisationen bestehen zahlreiche weitere, die von Staaten getragen werden. Diese sind teils regional, teils global strukturiert. Zu den regionalen Organisationen zählen beispielsweise:

- **ANZUS** (Organisation des Pazifik-Paktes; umfasst den Pazifik mit den USA und Australien als Eckpunkte)
- **Arabische Liga** (Organisation der arabischen Staaten)
- **OECD** (Organisation für Wirtschaftliche Zusammenarbeit und Entwicklung; nur westliche Industriestaaten)
- **GUS** (Gemeinschaft Unabhängiger Staaten; gebildet aus jetzt 11 ehemaligen Sowjetrepubliken)
- **AU** (Afrikanische Union; gebildet aus fast allen Staaten Afrikas).

Die genannten Organisationen möchten die Zusammenarbeit in den jeweiligen Bereichen intensivieren. Dies gelingt vielfach nur sehr begrenzt, weil die Interessen der beteiligten Staaten oft zu sehr differieren. Zuweilen finden regelmäßige Ministertreffen statt, um einen politischen Gedankenaustausch zu pflegen. Gemeinsame Aktionen sind eher selten.

Zu den weltumspannenden Organisationen zählen beispielsweise die **OPEC** (Organisation der Öl produzierenden und exportierenden Länder), der **IWF** (Internationaler Währungsfonds), die **Weltbank** sowie die **WTO** (World Trade Organisation; dt.: Welthandelsorganisation). Während die OPEC vor allem die Interessen ihrer Mitglieder bezüglich des Absatzes von Erdöl fördern möchte, zielen die letztgenannten Organisationen vor allem auf die globale Förderung des Handels, die Reduzierung von Wirtschaftsbeschränkungen und die Hilfe für Staaten in wirtschaftlich schwierigen Zeiten, beispielsweise durch Kredite oder wirtschaftliche Ratschläge. Gleichzeitig versuchen die drei Institutionen auch Reformen im marktwirtschaftlichen Sinne weltweit innerhalb der Staaten umzusetzen.

Kritiker werfen den drei Institutionen daher vor, eine Politik zu betreiben, die die Grundsätze des Kapitalismus durchsetzen und damit der weltweiten Ausbeutung durch wenige reiche Industriestaaten, besonders durch die USA, Vorschub leisten möchte. Letzteres lässt sich auch noch dadurch optisch illustrieren, dass die Weltbank mit Unterorganisationen und der Weltwährungsfonds ihre Sitze in Washington, also der Hauptstadt der „kapitalistischen" Supermacht USA, haben und die führenden Industriestaaten, allen voran die USA, aufgrund ihrer Kapitaleinlagen und damit ihrer Stimmgewichte in den Organisationen deren Politik maßgeblich bestimmen.

Internationale Nicht-Regierungsorganisationen

Neben der von den Staaten getragenen Zusammenarbeit auf internationaler Ebene hat sich besonders in den letzten zwei Jahrzehnten ein Netzwerk von Organisationen entwickelt, das sich in vielfältiger Weise global, regional und national in den meisten Politikfeldern herauskristallisiert hat und versucht Einfluss auf internationale, regionale und nationale Entwicklungen in den jeweiligen Bereichen zu nehmen. Solche Organisationen sind unabhängig von staatlichen Stellen, zuweilen sogar in Opposition zu diesen entstanden. Dafür hat sich die Bezeichnung **Nicht-Regierungsorganisationen** (**NROs**; engl.: **Non Governmental Organizations**; Abk.: **NGOs**) eingebürgert.

Die Tätigkeitsfelder der NROs sind sehr unterschiedlich. Insgesamt gibt es mit steigender Tendenz viele Tausend solcher internationaler Organisationen:

Arbeitsbereiche der NROs	1990	2000
Kultur und Freizeitaktivitäten	2 169	2 733
Bildung/Erziehung	1 485	1 839
Forschung	7 675	8 467
Gesundheit	1 357	2 036
Sozialeinrichtungen/Soziale Dienste	2 361	4 215
Umweltschutz	979	1 170
Wirtschaftsentwicklung/Infrastruktur	9 582	9 614
Recht, Politik und Interessenvertretungen	2 712	3 864
Religion	1 407	1 869
Verteidigung	244	234
Politik	1 275	1 240
Gesamtzahl der NROs	31 246	37 281

Wichtige Aktionsfelder sind die Bereiche Kultur, Forschung, Soziale Dienste, Umweltpolitik, Rechtswesen. Besonders in den Problemfeldern Menschenrechte und Umweltschutz treten die NROs auch öffentlich wirksam auf.

In nichtdemokratischen Staaten müssen NROs häufig mit Unterdrückungsmaßnahmen der jeweiligen Regierungen rechnen, wenn sie Missstände anprangern und damit öffentlich machen. So ist es beispielsweise problematisch für Menschenrechtsorganisationen in China aufzutreten und dort auf die Unterdrückung der Meinungs- und Pressefreiheit hinzuweisen. Die russische Regierung sieht es nicht gern, wenn Umweltschutzorganisationen auf die

Schädigung ganzer Regionen in Sibirien hinweisen, weil Öl aus defekten Leitungen ausläuft und weite Gebiete verseucht. Bei großen internationalen Konferenzen, beispielsweise zu Umweltproblemen oder dem Klimaschutz, treten oft Hunderte von NROs auf, um auf entsprechende Probleme hinzuweisen. Mittlerweile werden die NROs von vielen Regierungen und auch von UN-Organisationen als Partner und Ratgeber akzeptiert.

Die Struktur und Arbeitsweise der NROs sei im Folgenden am Beispiel von **Amnesty international** (**ai**) und **Greenpeace** erläutert.

Amnesty international

Amnesty international wurde 1961 in London von einem Rechtsanwalt gegründet. Im gleichen Jahr gründete sich auch die deutsche Sektion. Mittlerweile existieren in über 58 Staaten regionale Organisationen. Ziel des Zusammenschlusses ist, den Menschenrechten in ihren verschiedenen Facetten zum Durchbruch zu verhelfen. Dies bedeutet für ai, sich vorbehaltlos gegen die Todesstrafe einzusetzen, politischen Gefangenen und Asylanten zu helfen, internationale Aktionen gegen die Verletzung von Menschenrechten durchzuführen bzw. zu unterstützen. Amnesty international wendet sich an Regierungen, um Missstände aufzudecken. Neben politischen Rechten stehen auch wirtschaftliche, kulturelle und soziale Rechte im Mittelpunkt von Aktionen.

Die Methoden von ai sind nach eigenem Selbstverständnis gewaltfrei. Somit stehen publizistische Aktionen, Demonstrationen, Eingaben usw. im Zentrum der Aktivitäten. Da es in vielen Staaten Verstöße gegen die Menschenrechte gibt, kommt es häufig zu Konfrontationen mit den jeweiligen Regierungen. Dies gilt selbst für demokratische Staaten. Man denke in diesem Zusammenhang beispielsweise an die Todesstrafe, die in den meisten US-Bundesstaaten gilt. Immerhin haben die Aktionen dazu geführt, dass ai **1977** mit dem **Friedensnobelpreis** ausgezeichnet wurde.

Die meisten der vielen Tausend Mitglieder und Förderer von ai arbeiten ehrenamtlich. Dies geschieht im Rahmen des geltenden Vereinsrechts, sodass jede Sektion einen Vorstand und eine Mitgliederversammlung hat. Beide beschließen und verantworten Aktionen. Dies geschieht in enger Abstimmung mit hauptamtlichen Mitarbeitern. In der deutschen Sektion arbeiten gegenwärtig 52 hauptamtliche Kräfte. Die nationalen Sektionen wiederum kooperieren mit der internationalen Dachorganisation von ai mit Sitz in London. Somit lassen sich internationale Aktionen besser koordinieren.

Die Wirksamkeit von ai ist sehr unterschiedlich. In demokratisch verfassten Staaten entsteht schnell ein publizistisches Umfeld, das die jeweiligen Aktionen unterstützen kann. In autoritären Regimen ist dies entsprechend schwieriger. Hierbei setzt man dann auf ein weltweites Echo, sodass teilweise auf Umwegen bestimmte Ziele erreicht werden. Wichtig ist dann, dass einzelne Regierungen oder Staatengruppen die Beseitigung der Missstände unterstützen und eigene – oft wirtschaftliche – Interessen zurückstellen. In diesem Kontext sei China erwähnt, das immer wieder die Menschenrechte verletzt, viele Regierungen dies jedoch aufgrund wirtschaftlicher Interessen zumindest ignorieren.

Greenpeace

Greenpeace ist eine Vereinigung, die im Kontext der **Umweltschutzbewegung** während der 70er-Jahre des 20. Jahrhunderts in den westlichen Industriegesellschaften entstanden ist und sich seit 1980 zu einer international tätigen Organisation entwickelt hat. Ähnlich wie ai ist Greenpeace eine bürgerschaftliche Organisation, die unabhängig von Parteien, Staaten, Interessengruppen aus der Wirtschaft usw. agiert. Der Grundansatz der Gruppierung ist es, die natürlichen, ökologischen Gegebenheiten auf unserem Planeten zu schützen.

Somit sind die Hauptaktionsgebiete von Greenpeace im Bereich von Ökologie und Umweltschutz angesiedelt. Themenschwerpunkte sind der Kampf

- gegen die Nutzung der Kernenergie,
- gegen einen zunehmenden Einsatz gentechnischer Mittel bei der Pflanzen- und Tierproduktion,
- gegen Ölschmutzung von Meeren und Landflächen,
- gegen den Einsatz übermäßig vieler Chemikalien im Agrarbereich,
- für den Erhalt tropischer Wälder.

Die Methoden von Greenpeace ähneln denen von ai, gehen jedoch in ihrer Radikalität oft auch darüber hinaus. Greenpeace greift immer wieder zu spektakulären Mitteln wie Eisenbahnblockaden von Atommülltransporten, Besetzung von Öltransportern unter „Billigflaggen“ (weil diese Schiffe als sehr unsicher gelten), Behinderung von Fischereifahrzeugen, um beispielsweise zu starken Walfang zu unterbinden.

Besonders in den europäischen Staaten sind einige Erfolge erzielt worden. Insbesondere hat Greenpeace dazu beigetragen, das **Umweltbewusstsein** weltweit zu erhöhen. Kritiker werfen der Organisation vor, zu sehr einen gegen wirtschaftliche Interessen gesteuerten Kurs einzuschlagen und damit Wirtschaftswachstum und Arbeitsplätze zu gefährden.

Zusammenfassung

Nach dem Zweiten Weltkrieg hat sich ein immer dichter werdendes Netz von Internationalen Organisationen entwickelt. Dabei gibt es viele, die weltweit wirken, jedoch auch regional ausgerichtete Zusammenschlüsse. Die Organisationen, die von den Staaten getragen werden, folgen zumeist dem Prinzip der Einstimmigkeit, sodass manche Beschlüsse nur den „kleinsten gemeinsamen Nenner" widerspiegeln und daher nur begrenzt effektiv sind. Bei Organisationen, deren Mitglieder sich in ihren Grundauffassungen ähneln, werden leichter wichtige Beschlüsse erzielt. Die Zwecke solcher Organisationen können politischer, militärischer, wirtschaftlicher oder kultureller Art sein oder verschiedene Aspekte vereinen. Die Gewichtung der einzelnen Staaten innerhalb solcher Organisationen hängt zumeist von deren wirtschaftlicher, politischer und militärischer Potenz ab. Somit spielen die reichen Industriestaaten, allen voran die USA, häufig eine dominierende Rolle. Beispiele solcher Internationalen Organisationen sind die UNO, die NATO oder die OSZE.

In den letzten Jahrzehnten haben sich zunehmend Organisationen entwickelt, die unabhängig von Regierungen und deren Staaten agieren, man fasst sie unter dem Begriff der Nichtregierungsorganisationen zusammen. Sie haben zumeist sehr unterschiedliche Ziele und agieren in vielen Bereichen der Internationalen Politik. Sie finanzieren sich durch Spenden, Mitgliedsbeiträge, Gelder von Förderern. Ihre Aktionen sind überwiegend gewaltfrei und trachten danach, die Öffentlichkeit und als Folge die Regierungen für ihre Anliegen zu sensibilisieren. Ihre Erfolge sind folglich recht unterschiedlich. Am schwierigsten gestaltet sich ihr Vorgehen in autoritär regierten Staaten.

Außenpolitik und Internationale Politik: Instrumente, Praxis und Bestimmungsfaktoren

Die Außenpolitik: Arbeit und Wirkungsweise

Die internationale und Außenpolitik von Staaten und internationalen Organisationen ist ausgesprochen vielschichtig und komplex. Die Gründe liegen in einer zunehmenden Verflechtung der einzelnen Staaten. Auch unterhalb der staatlichen Ebene entstehen Beziehungen zwischen Wirtschaftsunternehmen, Parteien oder Forschungseinrichtungen. Auch modernen Medien, wie z. B. dem Internet, kommt dabei eine große Bedeutung zu. Spielten im 19. Jahrhundert noch die Außenministerien und ihre Bediensteten, die Diplomaten, die Hauptrolle in der Außenpolitik eines Staates, so hat sich in den letzten Jahrzehnten diese Dominanz relativiert. Selbst innerhalb der Regierung nehmen andere Ministerien außenpolitische Kompetenzen wahr; so unterhalten beispielsweise die Außen- und Verteidigungsminister gleichermaßen Kontakte zur NATO und WEU.

Unter dem Vorsitz von Gerhard Schröder sind die Staats- und Regierungschefs sowie die Außenminister der EU im Juni 1999 zum Europäischen Rat zusammengetroffen, um über einen Friedensplan für den Kosovo zu beraten.

Für die Beziehungen zu Staaten der „Dritten Welt" ist meist der Minister für wirtschaftliche Zusammenarbeit zuständig. Die Beziehungen zur EU können nicht mehr als klassische Außenpolitik betrachtet werden. Fast alle Minister der Bundesregierung agieren auch als Fachminister im Ministerrat der EU. Die immer wichtiger werdenden Außenwirtschafts- und internationalen Finanzbeziehungen nehmen die jeweiligen Fachminister wahr. Schließlich üben die Bundesländer wegen der grundgesetzlich garantierten Kulturhoheit ein Mitspracherecht in der auswärtigen Kulturpolitik aus.

Die **Diplomatie** als Kernbestand der Außenpolitik setzte sich im 15. und 16. Jahrhundert in Europa durch. Seit dem Wiener Kongress von 1815 ist der Status eines Diplomaten rechtlich festgelegt. Diese Grundprinzipien gelten noch heute. Die Voraussetzungen, Repräsentant Deutschlands in einem fremden Staat zu werden, sind neben einem Hochschulstudium umfassende Kenntnisse des Völkerrechts, der englischen, französischen und einer weiteren Sprache. Um als Botschafter oder Gesandter tätig zu sein, muss dem fremden Staat ein Beglaubigungsschreiben überreicht werden. Hinzu kommt, dass das Gastland eine förmliche Zustimmung **(Agrément)** geben muss. Dieser Staat kann den Diplomaten allerdings auch zur unerwünschten Person, zur *persona non grata,* erklären und ihn ohne Angabe von Gründen des Landes verweisen.

Zum **Diplomatenstatus** gehört, dass das Empfängerland Schutz und Immunität gewährt, d. h. die Diplomaten vor Strafverfolgung schützt und sie in ihrer Tätigkeit nicht behindert. Deshalb genießen die Botschaften das Privileg der „Exterritorialität", was bedeutet, dass ein Staat keine Hoheitsrechte auf dem Gelände einer Botschaft ausüben darf. Dies schützt die Diplomaten bei ihrer Tätigkeit und ermöglicht ihnen, sich unbehelligt mit Personen zu treffen, die der jeweiligen Regierung kritisch gegenüberstehen. Aus diesem Grund können Botschaften politischen Flüchtlingen auch Schutz gewähren.

Die deutschen Auslandsvertretungen erfüllen weit gespannte Aufgaben. Diese umfassen mittlerweile nahezu alle Politikfelder, die die Ressorts der Bundesregierung repräsentieren. Folglich arbeitet in den deutschen Botschaften im Sinne der Arbeitsteilung und der fachlichen Kompetenz Personal, das sich entsprechend spezialisiert. Der Botschafter als Leiter einer Botschaft oder Gesandtschaft zeichnet dabei für alle Bereiche verantwortlich und muss alle Bereiche der Politik in den Grundzügen vertreten können.

Der **Auswärtige Dienst** soll die deutschen Interessen im Ausland vertreten und dort auch öffentlich ein Bild Deutschlands vermitteln. Des Weiteren informieren die **Botschaften** die Bundesregierung über Verhältnisse und Entwicklungen in ihren Gastländern. Deutsche können sich mit der Bitte um Hilfe in Notfällen, beispielsweise bei Verlust von Papieren, Problemen mit Behörden des Gastlandes oder auch bei materiellen Notsituationen jederzeit an die Botschaft wenden. Schließlich erteilen die Konsularabteilungen der Botschaften entsprechende Visa oder beschaffen Einreisegenehmigungen usw.

Die Größe der Botschaften differiert stark. In Staaten, die für Deutschland sehr wichtig sind, wie die USA, Frankreich oder Russland, umfasst das Botschaftspersonal z. T. über 100 Mitarbeiter. In kleinen Staaten arbeitet der deutsche Botschafter zuweilen nur mit 5 bis 10 weiteren Kräften und ist bisweilen sogar für mehrere Länder zuständig. In Staaten, in denen es viele konsularische Angelegenheiten gibt, existieren neben den Botschaften **Generalkonsulate** und **Konsulate**. So unterhält Deutschland z. B. in Frankreich neben der deutschen Botschaft in Paris Generalkonsulate in Lille, Nancy, Straßburg, Lyon, Marseille und Bordeaux. In Staaten, in denen viele Deutsche leben oder als Touristen unterwegs sind, unterstützen ehrenamtliche Mitarbeiter, die Honorarkonsuln, die Arbeit des Auswärtigen Amtes.

Neben Botschaften und Konsulaten unterhält bzw. unterstützt die Bundesrepublik Einrichtungen, die die deutsche Sprache und Kultur, die deutsche Wirtschaft und die deutschen Wissenschaft und Forschung fördern sollen. Die **Goethe-Institute** sind ein Zentrum der auswärtigen Kulturpolitik. Sie konzentrieren sich in Regionen, in denen das Interesse an deutscher Kultur und deutscher Sprache hoch ist. Dies gilt für große Bereiche Europas – seit 1990 verstärkt in den Staaten des ehemaligen Ostblocks –, die USA und Teile Mittel- und Südamerikas. Weitere räumliche Schwerpunkte sind der Nahe Osten, Indien, Japan und Teile Südostasiens. Neben der Nachfrage aus den jeweiligen Staaten besteht ein Interesse Deutschlands, seine Sprache und Kultur zu verbreiten. Daher bieten die Goethe-Institute eine Vielfalt kultureller Programme, die von Sprachkursen über Vorträge, Ausstellungen, Theateraufführungen bis hin zu deutschen Filmen reichen.

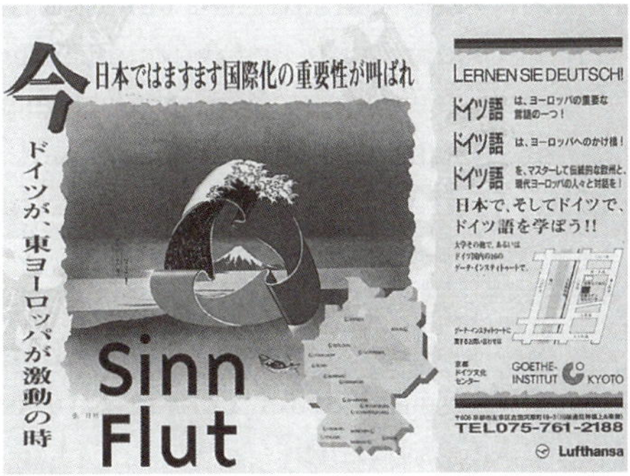

Werbung des Goethe-Instituts in Japan.

Zur auswärtigen Kulturpolitik gehört ebenfalls, deutsche Lehrer an ausländische Schulen zu vermitteln. Das geschieht entweder um den Deutschunterricht zu intensivieren oder den Lehrbetrieb an Schulen zu sichern, der nur in deutscher Sprache erfolgt.

Um in allen Teilen der Erde ein umfassendes und objektives Bild Deutschlands zu vermitteln, existiert die vom Bund getragene Rundfunkanstalt **Deutsche Welle** mit Sitz in Köln. Sie sendet via Satellit und terrestrischen

Frequenzen Hörfunk- und zunehmend auch Fernsehsendungen in allen Teilen der Erde. Somit können im Ausland lebende Deutsche oder an Deutschland interessierte Ausländer sich ständig über aktuelle Ereignisse viel umfassender informieren, als dies durch die Medien vor Ort möglich wäre.

In wichtigen Hauptstädten gibt es deutsche **Auslandshandelskammern**, die deutschen Unternehmen Wege zeigen können, im Ausland zu investieren. Dies gilt auch umgekehrt für ausländische Unternehmen, die Interesse an der deutschen Wirtschaft und am deutschen Absatzmarkt haben.

Ziel und Aufgabe der Diplomatie und der auswärtigen Politik ist es häufig, Probleme und Konflikte mit anderen Staaten oder Staatengruppen durch **Übereinkommen** zu lösen. Für diese Abkommen existieren mehrere Abstufungen und verschiedene Begrifflichkeiten. Verträge von besonderer Wichtigkeit, z. B. zur deutschen Einheit oder zur Europäischen Union, bedürfen der **Zustimmung des Parlaments**. Das mehrstufige Verfahren bis zum Zeitpunkt des Inkrafttretens eines Vertrages beginnt mit Verhandlungen zwischen Fachministern und/oder -beamten. Ist man sich einig, setzen die Verhandlungsleiter den Anfangsbuchstaben ihres Namens unter das Vertragswerk. Damit wird ein Vertrag paraphiert. Bestätigen die Regierungen das ausgehandelte Dokument, kann es unterschrieben werden. Danach diskutieren und beschließen die Parlamente darüber, sodass aus dem Vertrag ein innerstaatliches Gesetz wird. Den Abschluss des Verfahrens bildet die Unterschrift des Staatsoberhaupts. Damit ist der Vertrag ratifiziert. Diese Ratifikationsurkunden werden zwischen den Vertragsparteien ausgetauscht. Erst danach ist ein Vertrag rechtsverbindlich.

Die meisten Verträge beginnen mit einer **Präambel**, einer Art Einleitung, die die Umstände und die allgemeine Zielsetzung beschreibt. Danach folgt in Paragrafenform der eigentliche Inhalt des Vertrages, der mit den Übergangs- und Schlussvorschriften endet.

Ehe Verträge auf diese Art zustande kommen, vergehen zuweilen Jahre. Daher versuchen die Regierungen vielfach, Abmachungen so zu formulieren, dass ein – wie oben beschriebenes – Ratifikationsverfahren unterbleibt. Man beschränkt sich dann auf Regierungsabkommen, die oft einen ähnlichen Zweck erfüllen, jedoch zuweilen weniger Gewicht haben. Für diese Art von Abkommen existieren zahlreiche Begriffe: Abkommen, Akkord, Akte, Charta, Deklaration, Konkordat, Konvention, Pakt, Protokoll. Nach der Anzahl der Vertragsteilnehmer unterscheidet man zwischen bilateralen (zweiseitigen), multilateralen (mehrseitigen) und universalen (die meisten Staaten betreffend) Verträgen.

Außerhalb der Vertragsformen existieren besondere Formen des diplomatischen Verkehrs zwischen den Regierungen. Hierbei geht es meist um Positionsbeschreibungen einer Regierung zu einem konkreten Problem. Dazu gehören z. B. das *Aide-mémoire* (die Darlegung von Sachverhalten), die Note (ein Schreiben mit Anschrift und Unterschrift), die *Démarche* (der mündliche Protest) und der Protest (die schriftliche Weigerung, einen Tatbestand anzuerkennen). Die drei letzten Formen des diplomatischen Verkehrs werden oft auch von Drohgebärden begleitet, um den Forderungen Nachdruck zu verleihen.

In den Jahrzehnten nach dem Zweiten Weltkrieg hat sich die Außenpolitik immer mehr vom Bilateralismus zum Multilateralismus oder gar Universalismus entwickelt. Früher waren zumeist Beziehungen zwischen einzelnen Staaten – z. B. Deutschland-Frankreich oder Deutschland-Dänemark – wichtig. Dieses Geflecht besteht weiter und bleibt relevant, besonders in den Beziehungen zu den Großmächten USA, Russland, Japan, China oder zu Staaten außerhalb von für Deutschland wichtigen Organisationen. Somit spielen die diplomatischen, bilateralen Kontakte zu den Staaten der Dritten Welt für Deutschland eine überragende Rolle. Bei Staaten, die der NATO und EU angehören, lässt die Bedeutung der bilateralen Komponente nach. Die NATO- und EU-Staaten arbeiten über ihre gemeinsamen Gremien eng zusammen, formulieren ihre Interessen und entschärfen mögliche innere Konflikte, sodass manchmal der Charakter einer (EU-)Innenpolitik entsteht. Der klassische Ablauf der internationalen Politik über die Diplomatie und die Botschaften verliert an Bedeutung. Die Fachbeamten der jeweiligen Ministerien und die zuständigen EU- und NATO-Stellen übernehmen die Arbeit.

Medien und Informationsdienste

Bis ins 20. Jahrhundert waren die Berichte der Botschaften die wichtigste Informationsquelle über die Politik eines anderen Staates. Dies hat sich durch die moderne Nachrichtentechnik und die Entwicklung der Massenmedien erheblich geändert. Die großen Nachrichtenagenturen, bedeutende überregionale Zeitungen und zahlreiche Fernsehanstalten unterhalten ein dichtes Netz von Korrespondenten in den wichtigsten Regionen der Erde. Die moderne Nachrichtentechnik erlaubt es, jederzeit und von praktisch jedem Ort auf der Erde unmittelbar zu berichten. Dabei sind für die Massenmedien oft nur sehr aktuelle Themen wichtig, während die kontinuierliche Berichterstattung über eher abgelegene Weltregionen unterbleibt und höchstens in einzelnen überregionalen Tageszeitungen betrieben wird.

Hieraus folgt, dass die Botschaften im Sinne einer kontinuierlichen Information des Auswärtigen Amtes und damit der Regierung unverzichtbar bleiben.

Regelmäßige Hintergrundberichte versetzen die Verantwortlichen der Außenpolitik in die Lage, gegenüber einem Staat oder einer Region eine Politik zu betreiben, die auf einer vertieften Kenntnis von Strukturen und Entwicklungen beruht, statt sich nur auf die aktuellsten Entwicklungen zu stützen.

In diesem Zusammenhang können die modernen Medien eine wichtige Ergänzung sein. Korrespondenten, die an einem politischen Schauplatz lange Jahre tätig gewesen sind, erhalten durch ihre Erfahrung, ihr Hintergrundwissen und ihre Kontakte zuweilen wichtige Einblicke in politische Entwicklungen. Die Botschaften und das Auswärtige Amt werten daher die Berichte in den Massenmedien aus, archivieren und benutzen diese bei Bedarf.

Neben den genannten Informationsquellen spielen von den Regierungen finanzierte **Informations- oder Geheimdienste** eine wichtige Rolle für die Nachrichtenbeschaffung. Dies gilt besonders für diktatorische Regime, die z. T. umfangreiche Spionage- und Sicherheitsdienste, wie z. B. den Staatssicherheitsdienst der DDR oder den KGB der UdSSR, besitzen. Auch demokratische Regierungen unterhalten solche Organisationen. Genannt seien hier der **CIA** (Central Intelligence Agency) in den USA, der **Mossad** in Israel oder der **Bundesnachrichtendienst** (BND), der deutsche Auslandsgeheimdienst.

Diese Dienste erfüllen eine mehrfache Aufgabe. Im Landesinnern überwachen sie vermeintliche oder tatsächliche Regimegegner, wobei dieser Personenkreis in Diktaturen sehr breit gestreut ist. In demokratischen Staaten sind sie auf extremistische Gruppen konzentriert, die das System untergraben wollen. Im Landesinnern besteht außerdem die Aufgabe, Personen, die der Spionage verdächtigt werden, zu beobachten, zu enttarnen und damit für das eigene Land Gefahr abzuwenden. Im Ausland kümmern sich die Nachrichtendienste darum, an Informationen zu gelangen, die öffentlich nicht zugänglich sind, dem eigenen Staat jedoch nützlich erscheinen. Für die Außenpolitik sind die Nachrichtendienste deshalb von Bedeutung, da sie einerseits fremde Spione im eigenen Land entdecken und andererseits geheime Informationen aus fremden Staaten beschaffen. Spione sollen militärische Geheimnisse, neue Patente, geheime Forschungsergebnisse in Firmen, Produktionsverfahren und natürlich geheime politische Überlegungen erkunden.

Zu geheimdienstlichen Zwecken beschäftigen viele Staaten oft tausende von Personen. So soll die DDR in der Bundesrepublik mehr als 10 000 Spione unterhalten haben, häufig Bewohner der Bundesrepublik, jedoch bezahlt von der DDR. Auch zwischen „befreundeten" Staaten existiert manchmal ein nachrichtendienstlicher Austausch, denn zuweilen herrscht in Einzelfragen Misstrauen gegenüber dem Partner, oder es besteht ein harter Konkurrenzkampf um wirtschaftliche oder technologische Entwicklungen.

Bestimmungsfaktoren der Außenpolitik und der internationalen Politik

Die geografische Lage

Unabhängig von aktuellen Entwicklungen wird die Außenpolitik eines Staates von einigen grundlegenden Faktoren bestimmt. Hierzu zählt die **geografische Lage** oder auch die **geopolitische Ausgangslage** eines Staates. Staaten, die am Meer liegen, messen der Schifffahrt und der Marine einen hohen Stellenwert bei. Für sie ist die Freiheit der Meere oder gar die Beherrschung angrenzender Meere bedeutsam. Dies ist oft mit der Tendenz verbunden, gegenüberliegende Küstenstaaten zu dominieren oder freundlich zu stimmen. Die Inseln zwischen den Küsten gelten dabei oft als wichtige Stützpunkte.

Staaten, die inmitten einer großen Landmasse liegen, konzentrieren sich auf starke Landstreitkräfte. Sie haben in der Regel viele Nachbarstaaten, lange Grenzverläufe, deren Sicherung damit zu einem Hauptproblem wird. Binnenstaaten sind vielfach auch Durchgangsländer für den Transit zwischen entfernt liegenden Staaten.

Ein klassisches Beispiel für einen Küstenstaat ist Großbritannien, in neuerer Zeit auch Japan. Österreich und die Schweiz sind typische Binnenstaaten, überwiegend auch Deutschland und Russland. Bei den USA verbinden sich beide Aspekte. Sie stellen eine kontinentale Macht dar, die sich sowohl zum Atlantik als auch zum Pazifik hin orientiert.

Als weitere geografische Determinante beeinflusst die **Topografie** die Infrastrukturen eines Landes stark. Österreich und Deutschland sind Transitländer, jedoch in Bezug auf die natürlichen Bedingungen recht unterschiedlich. So bestimmen die Alpen die österreichischen Interessen innerhalb der europäischen Verkehrspolitik, wenn es um die Rolle von Eisenbahnen, Autobahnen, Gebühren für deren Nutzung oder Belange des Umwelt- und Naturschutzes geht.

Auch das **Klima** bestimmt heute noch das Handeln von Staaten. So führen extreme Klimate zu vielfältigen Knappheitserscheinungen. Die Verantwortlichen solcher Staaten betreiben daher in der Regel eine Politik, die sich zum Ziel setzt, die entsprechenden Mängel zu beseitigen. Staaten mit Wasserknappheit in heißen Gebieten benötigen so viele Wasserreserven wie möglich, was auch zu Konflikten mit Nachbarländern führen kann. Staaten in kalten Regionen wie Russland brauchen Zugang zu wärmeren Gebieten, und sei es über eisfreie Häfen oder Wasserstraßen. Weiterhin benötigen Staaten kalter Regionen viele Energierohstoffe, deren Besitz lebenswichtig ist.

Staaten mit einer stark wachsenden Bevölkerung und einer vergleichsweise geringen agrarischen Nutzfläche müssen darauf bedacht sein, ihre Ernährungsbasis, z. B. durch günstige Importe oder durch eine territoriale Expansion in agrarisch günstige Gebiete, zu sichern. Viele Staaten der Dritten Welt könnten sich bald in einer solchen Lage befinden. Auch Russland hat durch den Zerfall der UdSSR die Ukraine als sichere „Kornkammer“ verloren.

Schließlich sei als wichtige geografische Determinante der Besitz von **Rohstoffen** genannt. Rohstoffreiche Länder sind insgesamt begünstigt, da sie weniger als rohstoffarme Staaten von Importen abhängig sind. Betrachtet man die Lage Deutschlands oder Japans unter diesem Gesichtspunkt, sind beide rohstoffarme Staaten, die von Importen aus allen Teilen der Erde abhängen. Krisen in einer Weltregion können daher die Wirtschaftslage in beiden Großmächten unmittelbar beeinträchtigen. Einseitige Abhängigkeiten beim Import – wie z. B. bei Rohöl aus der Golfregion – würden beide sehr krisenanfällig machen. Folglich müssen rohstoffarme Staaten über vielfältige Bezugsquellen verfügen und daher vehement für freien Handel eintreten. Rohstoffreiche Staaten wie die USA und Russland können eine viel souveränere Position einnehmen, da sie in Krisen notfalls mit ihren eigenen Rohstoffen die Wirtschaft und das Militär versorgen können. Auch bei internationalen Verhandlungen über Wirtschaftsbeziehungen verfügen sie daher über eine starke Position.

Ölförderung am persischen Golf: Die arabische Halbinsel verfügt über ca. 65 % der weltweiten Erdölreserven.

Wirtschaftliche Faktoren

Eine Analyse des Einflusses wirtschaftlicher Faktoren auf die Außenpolitik eines Landes muss sich vor allem der Leitfrage unterziehen, inwieweit die äußere Position eines Staates durch die Wirtschaft beeinflusst wird. Eine solche Analyse mag bei den inneren Faktoren beginnen.

Hierzu zählt zunächst das **Wirtschaftssystem**, wobei der Einfluss des Staates auf das wirtschaftliche Geschehen, einschließlich der Verteilung des wirtschaftlichen Eigentums auf staatliche bzw. öffentliche Körperschaften oder private Personen und Gesellschaften wesentlich ist. Grundsätzlich dürfte nach der historischen Erfahrung des 20. Jahrhunderts mit dem Sozialismus bzw. Kommunismus gelten, dass eine überwiegend privat organisierte Wirtschaft effektiver arbeitet als eine staatlich denominierte. Eine eher privat funktionierende Ökonomie muss jedoch in ein Infrastruktur- und Rechtssystem eingebettet sein, das effektiv und verlässlich arbeitet. Ohne Rechtssicherheit bleiben Investitionen unsicher. Eine leistungsfähige Infrastruktur (Verkehrswege, Telekommunikation) garantiert den schnellen Austausch. Mafiose Strukturen oder eine korrupte Verwaltung untergraben selbst effektive marktwirtschaftliche Gegebenheiten.

Zu den wirtschaftlichen Faktoren zählen auch Aspekte der **sozialen Gerechtigkeit**. Ein Staat, der beispielsweise hemmungslose Bereicherung und Ausbeutung größerer Teile der Bevölkerung durch wenige Reiche zulässt, muss mit inneren Unruhen rechnen, was wiederum die Verlässlichkeit und Effektivität des gesamten Systems gefährdet. Wesentliche Details sind hier das Steuersystem und die soziale Sicherung.

Wirtschaftliche Faktoren ersten Ranges sind die Qualität und die Leistungsfähigkeit der arbeitenden Bevölkerung. Dieses sogenannte „Humankapital" ist wiederum eine Folge der Bildungs- und Ausbildungsleistungen sowohl im öffentlich-staatlichen als auch im privat-betrieblichen Bereich. Da aufgrund der geringen Rohstoffe der Mensch das wichtigste wirtschaftliche Kapital ist, spielt dieser Aspekt für Länder wie Deutschland eine große Rolle.

All die genannten Faktoren fließen in die Beziehungen der im Wirtschaftsleben tätigen Menschen (Unternehmer, Arbeitnehmer, deren jeweilige Repräsentanten, die öffentlich Handelnden) ein. Dies beeinflusst die Effizienz eines Wirtschaftssystems und damit die außenpolitische Position eines Staates. Diese manifestiert sich in den verschiedenen Bilanzen, wie beispielsweise der Handels-, Kapitalverkehrs-, Tourismus- oder (als Gesamtausdruck aller Bilanzen) der **Leistungsbilanz**. Im Sinne einer guten außenwirtschaftlichen Position eines Staates müsste die Leistungsbilanz wenigstens ausgeglichen oder besser noch „aktiv" sein, d. h. das Ausland müsste insgesamt mehr Leistungen von einem Land beziehen als umgekehrt ein Land vom Ausland. Eine solche „aktive Bilanz" zeigt die Stärke der Wirtschaft und stützt das Vertrauen in die Wirtschaftpolitik eines Staates, was wiederum die Position des betreffenden Staates in der internationalen Politik stärkt. Ein Ausdruck der ökonomischen Stärke eines Staates ist dann auch die gute Position der Währung des Staates gegenüber wichtigen Konkurrenzwährungen.

Eine Art „Checkliste" über den ökonomischen Stand eines Staates müsste zusammengefasst u. a. folgende Punkte beinhalten: Grundprinzipien der Wirtschaftspolitik, Arbeitsbeziehungen zwischen Unternehmen und Arbeitnehmern, Einfluss des Staates auf die Wirtschaft, Aspekte der sozialen Gerechtigkeit, Rechtssicherheit, Qualität des Humankapitals sowie Qualität der Verkehrs- und Kommunikationsinfrastruktur, Rohstoffbasis eines Staates und Stabilität der Währung.

Im Kontext der wirtschaftlichen Faktoren der Internationalen Beziehungen spielt in den letzten Jahren der Aspekt der **Globalisierung** eine immer dominantere Rolle. Unter dem Begriff könnte man einen Vorgang verstehen, durch den die gegenseitigen Verflechtungen in den verschiedensten Bereichen, besonders jedoch in der Wirtschaft, der Technologie, des Informationsaustausches, der Verbreitung von neuen Richtungen in der Kultur, der Musik, der Normierung von Regeln etc. immer enger werden. Dies schränkt die souveräne Handlungsfähigkeit von Staaten international zunehmend ein. Große, international agierende Konzerne überschreiten mühelos nationale Grenzen, verstehen sich als weltumspannende Produktionseinheit und zwingen besonders kleineren und mittelgroßen Staaten ihren Willen auf. Sie verlagern Produktionsstandorte dorthin, wo es ihnen am profitabelsten erscheint.

Befürworter sehen als positive Aspekte eine fortschreitende internationale Arbeitsteilung und damit Effektivierung der Produktion, einen erhöhten Zwang im nationalen Bereich, die Wirtschaft hemmende Vorschriften abzubauen, den Sozialstaat auf seine ursprünglichen Funktionen zurückzuführen, die Menschenrechte weltweit durchzusetzen und den erhöhten Druck auf Regierungen, sich außenpolitisch so zu verhalten, dass durch friedliche Arrangements Kriege vermieden und Wirtschaftsentwicklungen nicht gestört werden.

Kritiker der Globalisierung befürchten, dass wenige Staaten, besonders die USA und deren große Unternehmen, zunehmend die Weltwirtschaft beherrschen, Kultur- und Konsumstandards für sich beanspruchen und eigenständige Traditionen verschwinden. Sie führen die Bedenken an, dass weltweit eine **Amerikanisierung** vieler Lebensbereiche stattfinden wird. Besonders die kapitalschwachen Staaten der Dritten Welt werden als die Hauptverlierer dieser internationalen Verflechtung gesehen. Als Reaktion auf die Globalisierung sehen die Kritiker die Bildung fundamentalistischer Bewegungen, die auch vor weltweitem Terror nicht zurückschrecken, um der Amerikanisierung zu begegnen.

Militärische Aspekte

Militärische Aspekte sollen hier nicht nur unter dem Gesichtspunkt der Qualität der Streitkräfte betrachtet werden, sondern umfassender im Sinne der gesamten Wehrverfassung eines Staates. Ein erster Zugang zu dem Thema eröffnet sich durch die Frage nach der **allgemeinen Wehrpflicht** bzw. der Situation einer Berufsarmee. Für beide Formen gibt es hinreichend Argumente, aber im Einzelfall ist zu prüfen, welche Form die effektivere für ein Land ist.

In diesem Zusammenhang ist es wichtig, wie die Bevölkerung eines Staates und seine politische Führung die Streitkräfte und deren Rolle einschätzen.

Werden sie als notwendiges „Übel" betrachtet? Gelten sie eher als überflüssig? Will man die Streitkräfte nur im eigenen Staat einsetzen? Oder ist es selbstverständlich, dass die eigenen Truppen mit anderen Armeen z. B. im NATO-Kontext weltweit einsatzbereit sind? Eine zentrale Frage besteht auch darin, wie viele Gelder die Regierung für die Unterhaltung und laufende Modernisierung der Armee bereitstellt.

Die Beantwortung dieser Fragen wirkt unmittelbar in den inneren Zustand der militärischen Organisation hinein. Die Motivation der Armeeführung und der Soldaten, sich im Sinne des Auftrags der Armee zu engagieren, dürfte in dem Maße steigen, in dem die formulierten Fragen positiv beantwortet werden. Sind die Rahmenvorgaben vorhanden, ist es dann Aufgabe der Armee, sich effektiv und einsatzfähig zu organisieren.

Hierbei muss noch die Frage nach dem eigentlichen Auftrag der Armee geklärt werden. Man könnte auch fragen, ob eine Armee ein klassisches „Feindbild" benötigt, um ihre Existenz zu rechtfertigen. Bis 1990 gab es für die Bundeswehr und die anderen NATO-Armeen einen Hauptgegner, die Streitkräfte des Warschauer Pakts. Seit seiner Auflösung allerdings ist es schwieriger, einen klaren Auftrag für die Bundeswehr zu formulieren. Deutschland ist seit seiner Wiedervereinigung nur noch von Staaten umgeben, die mehr oder weniger freundschaftlich mit ihm verbunden sind. Somit bleibt wohl neben dem ursprünglichen Auftrag, das eigene Land und das NATO-Gebiet zu verteidigen, die Frage nach der Bereitschaft, sich auf Anforderung der UNO gemeinsam mit anderen Armeen an Einsätzen in NATO-fernen Regionen zu engagieren.

Staaten, die bereit sind, im Rahmen dieser neuen politischen Situation glaubwürdig zu handeln, werden auf der Ebene der internationalen Politik als wichtige Partner respektiert, was auch Einflussmöglichkeiten bei der Durchsetzung eigener Interessen eröffnet.

Historische Traditionen und ideologische Grundmuster

Die jeweilige Außenpolitik eines Staats ist durch historische Traditionen und spezifische Denkmuster geprägt. Die historische Rolle eines Staates und seine geistesgeschichtliche Entwicklung fließen in diese Muster ein.

So ist die britische Außenpolitik durch die jahrhundertealte Rolle **Großbritanniens** als weltweit agierende Kolonial- und Seemacht geprägt. Europa sollte das Vereinigte Königreich dabei nicht „stören". Die europäischen Mächte sollten nach der britischen Maxime der *Balance-of-power* in politischem Gleichgewicht zueinander – allerdings mit Großbritannien als ausschlaggebender Macht – existieren. Daraus resultiert das bis heute bestehende Interesse Großbritanniens für alle überseeischen Angelegenheiten und eine gewisse

Distanz gegenüber Europa und der europäischen Einigung. Die Ausrichtung auf alle Teile der Erde und der britische Pragmatismus haben der Diplomatie eine große Weltgewandtheit mit hohen Einflussmöglichkeiten verschafft.

Die **USA** mit ihrer kontinentalen Ausdehnung und einer tief verwurzelten demokratischen Tradition treten immer wieder für die weltweite Verwirklichung von Demokratie und Menschenrechten ein, schwanken jedoch zuweilen zwischen weltpolitischem Engagement und Zurückgezogenheit auf ihre eigene Sphäre (Politik des Isolationismus).

In **Russland** wird die Außenpolitik seit Peter dem Großen immer wieder von zwei sich z. T. widerstrebenden Grundrichtungen geprägt. Bisweilen dominiert die Strömung, die modernisieren und daher viele Einrichtungen und Denkmuster aus dem westlichen Europa übernehmen möchte. Dagegen stehen die Slowophilen, die Russland in sich selbst ruhend sehen und westliche Einflüsse eher skeptisch betrachten.

China hat sich als „Reich der Mitte“ immer als eine regionale Großmacht verstanden, die vor allem die angrenzenden Staaten unter ihren Einfluss bringen möchte. Weiter gehende Bestrebungen erscheinen der bisherigen chinesischen außenpolitischen Tradition eher fremd.

Auch für kleinere Staaten lassen sich solche Traditionen feststellen. So hat **Österreich** eine besondere Affinität zu den Balkan- und den ostmitteleuropäischen Staaten, also den Gebieten, die z. T. jahrhundertelang im Verband der österreichisch-ungarischen Monarchie waren. Die **Schweiz** hat sich aufgrund ihrer Lage in den Alpen zumeist aus den europäischen Konflikten heraushalten können und daraus die immer noch bestehende Neutralität entwickelt. Folglich zögert die Schweiz, der EU oder gar der NATO beizutreten.

Eine solche Tradition oder historische Grundlinie für die Außenpolitik lässt sich für **Deutschland** schwerer als für andere Staaten feststellen. Dies liegt zum einen an den vielfältigen Brüchen in der deutschen Geschichte und zum anderen an der Lage Deutschlands im Zentrum Europas zwischen West und Ost. Möglicherweise wird die jetzt schon lang andauernde Westintegration dazu beitragen, eine eigene Tradition stärker als bisher herauszubilden.

Es bleibt die Frage nach **ideologischen Grundmustern** als bestimmende Faktoren der Außen- und der internationalen Politik. Nach den Erfahrungen der letzten beiden Jahrhunderte neigen extreme politische Systeme am ehesten dazu, auswärtige Politik auch ideologisch zu sehen und ihre Ideologie exportieren zu wollen, um damit in anderen Staaten ähnliche Systeme zu errichten. Beispiele dafür sind im 20. Jahrhundert die Sowjetunion und das Dritte Reich in Deutschland. Beide haben versucht, den Kommunismus bzw. den Nationalsozialismus über ihre eigenen Grenzen hinaus zu verbreiten.

Demokratien versuchen zwar, in anderen nichtdemokratischen Staaten den Menschenrechten und der Demokratie zum Durchbruch zu verhelfen, betreiben diese Politik jedoch eher pragmatisch. Regierungswechsel in demokratischen Staaten bewirken oft keine grundlegende Änderung der bisherigen Außenpolitik. Diese wird an den als objektiv betrachteten Interessen eines Staates ausgerichtet und (seit Bismarck) als „Realpolitik" bezeichnet.

Seit den 90er-Jahren des 20. Jahrhunderts findet die **These von der kulturellen Determiniertheit** der internationalen Beziehungen großen Anklang. Ein Hauptvertreter solcher Aussagen ist der US-Politikwissenschaftler **Samuel Huntington**. Hiernach existieren große kulturell geprägte Einheiten auf der Erde, zwischen denen es deutliche Unterschiede im inneren und äußeren Verhalten gibt. An den Trennungslinien zwischen diesen Einheiten oder eher an unklaren „Grenzsäumen" entstehen häufig Konflikte oder gar Kriege. Es kommt zum **Zusammenprall der Kulturen** (*clash of civilisations*). Beispiele sind für Huntington die Konflikte auf dem Balkan (katholisch geprägter, orthodox geprägter und islamischer Kulturkreis stoßen aufeinander), in Israel/Palästina (jüdischer gegen islamischen Kulturkreis) oder in vielen Teilen Afrikas (traditionelles Afrika gegen westliche Kultur). Weitere „Verwerfungen" existieren nach dieser Theorie außerdem innerhalb großer Kulturkreise, z. B. zwischen dem katholischen und protestantischen West- und Mitteleuropa und dem orthodox geprägten östlichen Europa, sodass sich daraus Konflikte ergeben könnten.

Innere Stabilität und äußeres Handeln

Die Stabilität bzw. Instabilität eines Staates beeinflusst sein äußeres Handeln. Stabilität, besonders in politischer und wirtschaftlicher Hinsicht, zeigt sich in der Außenpolitik vielfach in kontinuierlicher, wenig sprunghafter Politik. Die Partner eines solchen Staates können damit rechnen, dass dieser Staat seine außenpolitische Grundlinie beibehält, jedoch in unterschiedlicher Intensität. Solche Staaten tragen dazu bei, internationale Systeme aufzubauen und zu erhalten. Regierungswechsel bringen meist nur Akzentverschiebungen in der Außenpolitik. Stabile Regime können ihre Interessen bei Bedarf mit Nachdruck vertreten, wobei es hierbei auf die handelnden Politiker ankommt. Es ist z. B. auch denkbar, dass ein Staat wenig Interesse an außenpolitischen Entwicklungen zeigt und sich auf seine Innenpolitik konzentriert.

Bei Staaten, die im Innern wenig stabil sind, zeigen sich zuweilen gegenteilige Einflüsse auf die Außenpolitik. Innere Instabilität meint hier wirtschaftliche Schwäche, häufige Regierungswechsel sowie mangelnde demokratische Legitimation. Eine Gefahr liegt darin, dass solche Staaten auch nach außen schwächlich, kraftlos und in vielen Dingen unentschlossen agieren und so zum Objekt außenpolitischen Handelns anderer Mächte werden können. Eine weitere Variante besteht in einer vermehrten Sprunghaftigkeit, Unzuverlässigkeit, Diskontinuität des eigenen Agierens, sodass mögliche Partner größere Schwierigkeiten bei einer Kooperation bekommen. In Gemeinschaften wie der EU sind solche Staaten ständige Quellen der Unsicherheit.

Schließlich besteht bei instabilen Regimen die Gefahr, durch Aktivismus nach außen von inneren Problemen abzulenken. Das kann unter anderem darin münden, fremde Gebiete zu beanspruchen oder Entscheidungen in Gemeinschaften nur im eigenen Sinne zu erzwingen. Stellen sich Erfolge ein, mögen diese über innere Probleme hinweghelfen. Eine solche Politik wird ausgehend von der autoritären Politik Napoleons III. auch als „Bonapartismus" bezeichnet.

Zusammenfassung

Außenpolitik durch Diplomatie wird seit vielen Jahrhunderten betrieben. Die Außenministerien und die ihnen nachgeordneten Botschaften bilden den Kern des diplomatischen Apparates. Bei der Zugehörigkeit zu Gemeinschaften zeigen sich Tendenzen zu einer „Gemeinschaftsinnenpolitik". Im diplomatischen Verkehr der Staaten untereinander haben sich bestimmte Spielregeln und Konventionen entwickelt. Die klassischen Aufgaben der Botschaften und der Außenministerien verlagern sich teilweise auf andere Informationsdienste und die Massenmedien. Moderne Technologien sind dabei hilfreich. Das außenpolitische Handeln eines Staates hängt von mehreren grundsätzlichen Aspekten ab. Hierzu zählen die **geografische Lage**, **wirtschaftliche Interessen**, **militärische Gesichtspunkte**, **historische Traditionen**, **Ideologien** sowie die **innere Stabilität** eines Staates.

Theoretische Ansätze der internationalen Politik

Außenpolitik und internationale Politik

Internationale Politik, internationale Beziehungen und Außenpolitik sind drei Begriffe mit verwandten Inhalten, jedoch unterschiedlichen Schwerpunkten:

Unter **Außenpolitik** versteht man die Wahrung der Interessen eines souveränen Staates gegenüber anderen Staaten mithilfe von Diplomatie, Bündnissen und Verträgen. Zentrale Bereiche sind die nationale Sicherheit, die Außenwirtschaftspolitik, die internationale Entwicklung und kulturelle Fragestellungen. Als Beispiel könnte man die deutsche Menschenrechtspolitik nennen.

Die **internationale Politik** ist ein Teilbereich der Internationalen Beziehungen. Er ist gekennzeichnet durch die Beziehungen, Normen und Institutionen, die die Staaten untereinander unterhalten. Es geht dabei um politische Handlungen, in erster Linie in Form von Interaktionen zwischen staatlichen Akteuren und supranationalen staatlichen Organisationen. Seit einiger Zeit werden in diesem Zusammenhang aber auch die NROs wie ai und Greenpeace (vgl. S. 87 ff.) zunehmend wichtiger.

Der Begriff **Internationale Beziehungen** ist noch umfassender und bezeichnet alle grenzüberschreitenden Aktionen und Interaktionen, unabhängig davon, ob als Akteure Staaten, internationale Organisationen, gesellschaftliche Gruppierungen, juristische oder natürliche Personen auftreten. Die Grundelemente internationaler Beziehungen zeigt die folgende Grafik:

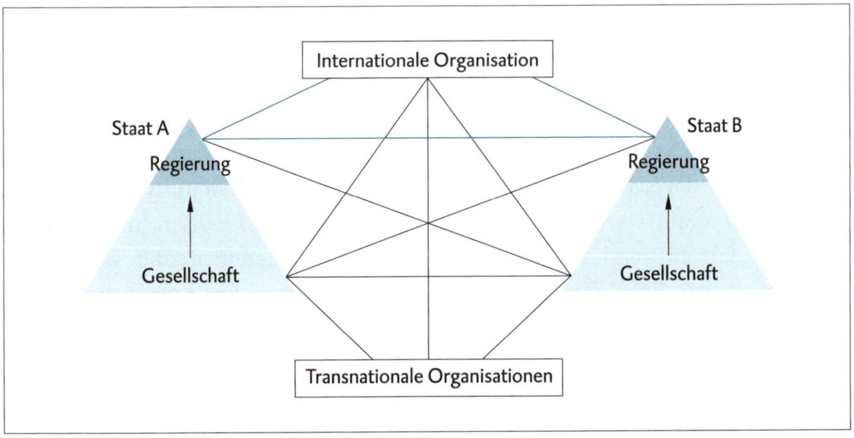

Grundlage der **Außenpolitik** in der Neuzeit ist die Vorstellung vom **souveränen Nationalstaat**, der diesbezüglich das handelnde Subjekt ist und verschiedenste Interessen der in ihm verkörperten Gesellschaft gegenüber anderen Nationalstaaten, Gruppierungen von Nationalstaaten oder internationalen Organisationen vertritt.

Die Außenpolitik ist, betrachtet man die politischen Systeme auf der Erde, überwiegend eine Angelegenheit der jeweiligen Regierungen bzw. Staatsführungen. Dies gilt in hohem Maße für diktatorisch und autoritär gestaltete Regime, hat aber auch in demokratischen Systemen eine deutliche Relevanz. Die demokratisch gewählten Parlamente bestimmen in unterschiedlichem Maße die Außenpolitik ihrer Regierungen mit. Die parlamentarische Aufmerksamkeit gilt dabei Verträgen zwischen einzelnen Staaten oder Staatengruppen, weil die Parlamente diesen in der Regel zustimmen müssen. Der Druck auf die Volksvertretungen ist diesbezüglich recht hoch, weil meistens nur eine prinzipielle Zustimmung oder Ablehnung möglich ist. Änderungen an einzelnen Bestimmungen sind oft aus dem Grunde unwahrscheinlich, weil die jeweiligen Partner dazu bereit sein müssten.

Unterhalb der Vertragsebene werden in den nationalen Parlamenten öfters internationale Aspekte debattiert. Hierbei spielen vielfach die Regierungen eine dominierende Rolle, weil sie durch ihren Informationsvorsprung gegenüber den meisten Parlamentariern im Vorteil sind.

Immer wieder gibt es in der Wissenschaft, in der öffentlichen Diskussion oder bei politisch Verantwortlichen eine Debatte darüber, ob es einen **Primat** (Vorrang) **der Außen- oder der Innenpolitik** in einem Land geben soll. Für die erste Position wird angeführt, dass sich ein Staat nur mit einer gesicherten, auch überlegenen außenpolitischen Position gut behaupten und folglich auf dieser Basis seine inneren Verhältnisse regeln kann. Für die zweite Position wird angeführt, dass ein Staat nur auf der Basis gesicherter innerer Verhältnisse eine verlässliche und stabile Außenpolitik zu führen in der Lage ist. Im Verlauf der Geschichte der Neuzeit existieren Beispiele für beide Positionen. Die zunächst starke Position Österreichs beispielsweise nach dem Wiener Kongress von 1815 schwächte sich in dem Maße ab, indem es nicht in der Lage war, sich den wirtschaftlichen und politischen Gegebenheiten in Deutschland und Europa anzupassen. Dies gelang im Kontrast dazu Preußen immer mehr, sodass es zur führenden Macht in Deutschland aufsteigen und schließlich Deutschland als Folge von drei Kriegen einen konnte. Die Schwäche Österreichs lässt sich auf innere Probleme zurückführen, während für die Stärke Preußens vor allem wirtschaftliche und militärpolitische Aspekte von Bedeutung sind. Die Stärke der UdSSR nach dem Zweiten Weltkrieg basierte vor allem auf ihrem großen Militärpotenzial, war also außenpolitisch determiniert. Ihr Untergang wiederum hing mit ihrer inneren Schwäche zusammen, die sich besonders in wirtschaftlichen Schwierigkeiten äußerte.

Die außenpolitischen Handlungsfelder der Staaten haben sich in den letzten Jahrzehnten enorm ausgedehnt. Die Zahl der Verträge, Abkommen, Absprachen zwischen einzelnen oder mehreren Regierungen hat erheblich zugenommen. Regelmäßig finden zwischen den Exekutiven von Staaten oder Staatengruppen **Konsultationen** (Beratungen) über unterschiedlichste Fragen statt. Somit kann man feststellen, dass das Geflecht **intergouvernementaler Zusammenarbeit** immer intensiver wird. Geht es dabei nur um zwei Staaten, spricht man von **bilateralen** (zweiseitigen) **Beziehungen**, sind mehrere beteiligt von **multilateralen** (mehrseitigen) Beziehungen.

Gegenstände der internationalen Politik

Die Gegenstände der internationalen Politik sind zunehmend vielfältiger und komplexer geworden. Daher spricht man vielfach schon von einer **Weltinnenpolitik**. Der Begriff soll darauf verweisen, dass zahlreiche Aktionsfelder nicht mehr national, sondern nur weltumspannend zu betrachten sind und die gegenseitigen Abhängigkeiten zunehmen. Isolierte nationale Lösungen sind oft nicht mehr möglich. Die zunehmende internationale Verflechtung besonders in wirtschaftlicher Hinsicht und deren politische Auswirkungen werden unter dem Begriff der **Globalisierung** zusammengefasst. Die Internationalisierung der Politik sei im Folgenden an wichtigen Feldern illustriert.

- **Militärwesen:** Die internationale Zusammenarbeit in diesem Bereich besteht seit vielen Jahrhunderten und hat somit die längste Tradition. Das deutlichste Beispiel ist gegenwärtig die NATO mit ihren zahlreichen Kooperationspartnern. Darüber hinaus bestehen zahlreiche andere Bündnisse. Jenseits solcher Bündnisse bestehen auch zwischen einzelnen Staaten Abkommen, die eine militärische Zusammenarbeit begründen, beispielsweise wenn die großen Industriestaaten Verträge über die Lieferung militärischen Materials mit anderen Staaten abschließen.
- **Friedenssicherung:** Ein wesentlicher Aspekt ist die Friedenssicherung zwischen Staaten. Hier geht es darum, den Ausbruch von Kriegen zu verhindern, bzw. Voraussetzungen dafür zu schaffen, dass die Bedingungen für die Entstehung von Kriegen verschwinden.
  Die Bemühungen zur Friedenssicherung reichen bis in die frühe Neuzeit zurück. Staatstheoretiker haben verdeutlicht, dass es ein internationales

Rechtssystem geben muss, das für die Staaten verbindlich sein soll, um den Ausbruch von Kriegen zu verhindern. In diesem Sinne gilt der Niederländer **Hugo Grotius** (1583–1645) als **Begründer des Völkerrechts.** In seinen Schriften forderte er beispielsweise Freiheit für die Nutzung der Meere im Rahmen vertraglicher Regelungen. Der **Westfälische Frieden 1648**, der den 30-jährigen Krieg beendete, schuf erstmals Grundlagen für eine längere friedliche Kooperation der europäischen Völker. Weitere Etappen der Etablierung des Völkerrechts waren die Schlussakte des **Wiener Kongresses 1815**, die **Haager Konventionen 1907**, die sich vor allem mit Kriegsführung und Behandlung von Gefangenen befassten, die Satzung des **Völkerbundes 1919** sowie die der **UNO 1945** und entsprechende zusätzliche Vereinbarungen. All diese Abmachungen haben jedoch nicht verhindern können, dass Staaten immer Kriege begonnen haben, zumeist unter Berufung auf das Recht der Selbstverteidigung.

- **Wirtschaft und Finanzen:** International tätige Organisationen wie die Weltbank, der IWF, zahlreiche Sonder- und Hilfsorganisationen der UNO, regionale Wirtschaftsgemeinschaften, die Internationale Energie-Agentur, die Internationale Atomenergiebehörde, befassen sich mit diesbezüglichen Fragen. Es bestehen zahlreiche Kooperationen und Verträge.
- **Kultur, Wissenschaft und Technik:** Zahlreiche Abkommen tragen dazu bei, international gültige Normen und Maße durchzusetzen, was beispielsweise in der Luftfahrt, der Meteorologie oder der Schifffahrt die Verständigung und den Datenaustausch erleichtert. Hierbei spielen wiederum Neben- und Sonderorganisationen der UNO eine große Rolle. Gleiches gilt auch für regionale Abmachungen oder für Organisationen, die teilweise unabhängig von Regierungen bestehen.
- **Ökologie, Umweltschutz:** Der jüngste Bereich der internationalen Politik befasst sich mit der Erhaltung der natürlichen Grundlagen der Menschheit. Dabei geht es um die Erhaltung von Pflanzen, Tieren oder der Natur ganzer Weltregionen, beispielsweise dem Tropischen Regenwald oder der Antarktis. Eine herausragende Rolle spielen mittlerweile Klimapolitik und Klimaschutz. Wie schwierig internationale Regelungen in diesen Bereichen durchsetzbar sind, zeigen die Probleme bei der Umsetzung des **Kyoto-Protokolls** von 1997, das die Staaten verpflichtet, den Ausstoß der für das Weltklima schädlichen Treibhausgase zu reduzieren. Viele Staaten versuchen die darin enthaltenen Verpflichtungen zu umgehen oder sie weigern sich – wie die USA – dieses Abkommen für sich umzusetzen, weil sie meinen, die Umsetzung schade ihrer wirtschaftlichen Entwicklung.

Die Wirksamkeit der internationalen Zusammenarbeit ist innerhalb der einzelnen Bereiche sehr unterschiedlich. Da die Staaten, insbesondere die wirtschaftlich und militärisch bedeutsamen, nach wie vor die eigentlichen Akteure der Außenpolitik und Internationalen Politik sind, richtet sich die Effektivität der internationalen Kooperation wesentlich daran aus, inwieweit wichtige Interessen gerade dieser Staaten betroffen sind bzw. mit deren Interessen übereinstimmen.

Modelle der Internationalen Beziehungen

In der wissenschaftlichen Beschäftigung mit internationalen Beziehungen wird immer wieder versucht, das Handeln auf internationaler Ebene zu erklären bzw. so zu beschreiben, dass sich dieses in bestimmte Grundmuster einordnen lässt. Dabei haben sich **drei Modelle** der Internationalen Beziehungen für eine nähere Charakteristik herausgebildet:

- Das realistische Prinzip, das von der realen Macht der Staaten und deren Konsequenzen ausgeht.
- Das idealistische Prinzip, das auf die Wirksamkeit der Kooperation von Staaten sowie des überstaatlichen Völkerrechts setzt.
- Das hegemonistische Prinzip, das von der Vorherrschaft eines Staates oder einer Staatengruppe ausgeht.

Das realistische Prinzip

Die realistische Schule der Internationalen Beziehungen geht von der Souveränität der Einzelstaaten aus. Überstaatliche Gewalt, die diese Souveränität einschränken könnte, ist damit nicht vereinbar. Jeder Staat ist bestrebt, seine eigenen Interessen auch gegen widerstrebende Bemühungen anderer Staaten durchzusetzen. Dazu versucht der betreffende Staat sein Machtpotenzial aufzubauen und im Sinne seiner Interessen einzusetzen. Das Machtpotenzial umfasst verschiedene Instrumente und Mittel, besonders jedoch das eigene Militär. Die höchste Stufe der Machtentfaltung besteht dann darin, notfalls auch Kriege führen zu können, um seine Interessen zu vertreten.

In diesem Sinn bildet die **Politik der Abschreckung durch Hochrüstung** ein Mittel dieser Denkschule. Die großen Bündnissysteme nach dem Zweiten Weltkrieg basierten auf diesen Gedanken. Je glaubhafter die Abschreckung war, desto eher herrschte Frieden im Sinne eines Nicht-Krieges. Das **Gleichgewicht des Schreckens** zwischen Ost und West während des Kalten Krieges kann als typisches Beispiel im Sinne des realistischen Prinzips gelten. In die Kategorie dieser Denkschule gehören auch die Friedensordnungen aufgrund der Gleichgewichtspolitiken nach dem Wiener Kongress unter der Vorherrschaft der fünf großen europäischen Mächte sowie das Bündnissystem Bismarcks nach der Etablierung des Deutschen Reiches ab 1871.

Die vielen Kriege innerhalb und außerhalb Europas in der Neuzeit haben jedoch gezeigt, dass die Grundannahmen dieses Konzeptes zeitweilig helfen, Frieden und Sicherheit zu wahren, jedoch immer wieder durchbrochen werden und kriegerischen und anderen Auseinandersetzungen weichen müssen.

Das idealistische Prinzip

Die idealistische Denkschule, die auch auf Kants Schriften über den Frieden zurückgeht, setzt auf den positiven Willen der Menschen und der Staaten zum Frieden und zur internationalen Zusammenarbeit. Dahinter steht auch ein **anderes Menschenbild**. Während die Realisten annehmen, dass der Mensch und die Staaten nach Macht, Überlegenheit und Besitz streben und dazu auch entsprechende Machtmittel einsetzen, setzen die Idealisten darauf, dass der Mensch aufgrund seiner eingesetzten Vernunft und rational zugänglicher Argumente lernfähig und deshalb zu **Friedenswillen** und **Kooperation** zu bewegen ist. Auch die Erfahrungen mit Kriegen, beispielsweise dem letzten Weltkrieg, müssten die politischen Eliten dazu bewegen, Interessenkonflikte durch Kompromisse, internationale Abkommen, internationale Organisationen und Entwicklung des überstaatlichen Völkerrechts zu regeln oder wenigstens zu minimieren. Folglich muss es die Staatengemeinschaft anstreben, durch internationale Normen und Organisationen Rahmen zu schaffen, die friedliche Konfliktlösungen ermöglichen – ähnlich wie bei innerstaatlichen Konflikten, die im Rahmen eines festen und akzeptierten Rechtssystems gelöst werden, beispielsweise durch die verschiedenen Instanzen der Justiz. Die UNO und die internationalen Gerichte sind insoweit Ausdruck dieser Prinzipien. Hinzu kommt die Überlegung, dass Demokratien prinzipiell leichter in diesem Sinne agieren würden als autoritäre und diktatorische Systeme.

Das 20. Jahrhundert hat jedoch verdeutlicht, dass das idealistische Konzept schnell an seine Grenzen stößt, wenn sich einzelne Staaten nicht an die Spielregeln internationalen Rechts halten. Der Völkerbund und auch die UNO waren dann jeweils macht- und einflusslos. Dennoch wird immer wieder gefordert, weltumspannende Regelungen und Institutionen zu schaffen, die – ähnlich dem nationalen Vorbild – in einem Rechtsrahmen den Frieden sichern und Konflikte entschärfen können. Diese Bestrebungen wurden früher mit dem Stichwort einer **Weltregierung**, heute oft mit dem Begriff einer **globalen Regierung (global governance)** verdeutlicht.

Das hegemonistische Prinzip

Ein weiteres Modell der Internationalen Beziehungen geht von der These aus, dass es in bestimmten Epochen Mächte bzw. Staaten gegeben hat oder gibt, die entweder weltweit oder auf eine große Region begrenzt so dominierenden Einfluss ausüben, dass andere Staaten sich ihrem vorherrschenden Einfluss nicht entziehen können. Solche **Hegemonialmächte** ordnen dann für die Zeit ihrer Dominanz die Internationalen Beziehungen, indem sie Stabilität und Frieden ermöglichen sowie dafür sorgen, dass sich die internationalen Wirtschaftsbeziehungen entfalten. Andere Staaten fügen sich dieser Weltordnung, die der **Hegemon** bestimmt, ein und profitieren teilweise auch davon. Der Preis besteht darin, sich jeweils den vom Hegemon vorgegebenen Grundströmungen in Wirtschaft, Politik, Militär, teilweise auch der Kultur anpassen bzw. einfügen zu müssen.

Um zu einer hegemonialen Ordnung der Welt oder einer großen Region zu kommen, bedarf es einer Macht, die über die nötigen, auch materiellen Ressourcen verfügt, um weltweit agieren zu können sowie ferner auch den Willen hat, solche hegemoniale Macht auszuüben. Hierbei kommt es weiterhin darauf an, dass der Nutzen, den der Hegemon aus seine Rolle zieht, längerfristig die dafür aufzuwendenden Kosten übersteigt, wobei letztere zeitweilig auch höher als die Gewinne liegen können.

Hegemonialmächte lassen sich nach diesem Modell durch bestimmte Indikatoren kennzeichnen. Bei den Stärken für Truppen, für die Flotte oder die Luftwaffe, bei den Rüstungsausgaben allgemein, beim Welthandel oder beim Anteil an der Weltwirtschaftsleistung liegen solche Mächte deutlich vor anderen. Die Dauer der Vorherrschaft einer Supermacht wird als begrenzt angesehen. Es gibt nach diesem Modell einen **Zyklus mit einem Aufstieg, einer Periode der Reife sowie einer des Niedergangs**. Die Dauer solcher Zyklen wird zumeist mit ca. 50 Jahren angegeben, wobei manche Staaten zwei dominante Zyklen hintereinander erleben und dadurch längere Zeit als Hegemonialmacht auftreten. Für einen Zyklus ist nach diesem Modell kennzeichnend, dass es im wirtschaftlichen Bereich einen Leitsektor gibt, der diesen Staat für diesen bestimmten Zeitraum zur Hegemonialmacht werden lässt. Gegenwärtig ermöglicht die Informationstechnik den USA diese Rolle. Im 19. Jahrhundert galt aufgrund der technischen Erfindungen, die die industrielle Revolution begründeten, Ähnliches für Großbritannien.

Zusammenfassung

Außenpolitik und internationale Politik hängen eng zusammen. Erstere ist dadurch gekennzeichnet, dass einzelne Staaten, ausgehend von der gegebenen Souveränität, ihre Interessen in vielen Bereichen gegenüber anderen Staaten oder Staatengruppen vertreten. Sie bedienen sich dabei unterschiedlicher Mittel, wobei Stärken in den Bereichen Wirtschaft und Militärwesen wesentliche Voraussetzungen darstellen, eigene Macht zu entwickeln. Die Außenpolitik ist ganz überwiegend eine Domäne der Regierungen. Die Volksvertretungen bestimmen selbst in demokratischen Staaten nur begrenzt diesen Bereich der Politik mit.

Seit Jahrzehnten lässt sich die Tendenz beobachten, dass die Beziehungen zwischen den Staaten immer vielfältiger und intensiver werden. Zahlreiche Verträge, Abkommen, Konferenzen, Treffen von Politikern belegen dies. Ferner gibt es immer mehr internationale Organisationen, die weltweit, regional begrenzt und in bestimmten Aufgabenfeldern in der **internationalen Politik** eine teilweise bedeutende Rolle spielen. Dabei ist die Meinungsbildung in den Organisationen überwiegend auf die Politik der nationalen Regierungen zurückzuführen. Daneben bestimmen auch immer mehr nichtstaatliche Organisationen einzelne Felder der internationalen Politik.

Die Gegenstände der internationalen Beziehungen weiten sich immer mehr aus. Waren es ursprünglich klassische Bereiche, wie beispielsweise das Militär, so bestimmen Wirtschaft, Kultur oder Ökologie zunehmend Quantität und Qualität der Internationalen Beziehungen. In diesem Kontext spricht man schon von einer Weltinnenpolitik oder auch der globalisierten Welt.

Versucht man die Internationalen Beziehungen auf bestimmte Strukturen zurückzuführen, so haben sich bisher das realistische, das idealistische und das hegemonistische Modell für die Beziehungen zwischen Staaten als relevant erwiesen.

Literatur

Ansprenger, Franz: Politische Geschichte Afrikas im 20. Jahrhundert. München 1992

Auswärtiges Amt (Hrsg.): 20 Jahre KSZE 1973–1993. Eine Dokumentation. Bonn 1993

Baring, Arnulf: Eine neue deutsche Interessenlage? Koordinaten deutscher Politik jenseits von Nationalismus und Moralismus. Köln 1994

Bredow, Wilfried v.: Turbulente Welt-Ordnung. Internationale Politik am Ende des 20. Jahrhunderts. Stuttgart u. a. 1994

Brühl, Tanja u. a. (Hrsg.), Die Privatisierung der Weltpolitik. Bonn 2001

Bundesministerium für Wirtschaftliche Zusammenarbeit (Hrsg.): Journalisten-Handbuch Entwicklungspolitik 1995. Bonn 1995

Czempiel, Ernst-Otto: Weltpolitik im Umbruch. Das internationale System nach dem Ende des Ost-West-Konflikts. München 2003

Dembinski, Matthias/Rudolf, Peter/Wilzewski, Jürgen (Hrsg.): Amerikanische Weltpolitik nach dem Ost-West-Konflikt. Baden-Baden 1994

Fischer Almanach: Internationale Organisationen. Frankfurt 1998

Gareis, Sven Bernhard/Varwick, Johannes: Die Vereinten Nationen. Opladen 2002

Gasteyger, Curt: Europa zwischen Spaltung und Einigung 1945–1990. Eine Darstellung und Dokumentation über das Europa der Nachkriegszeit. 2. aktualisierte Aufl., Bonn 1991 (Schriftenreihe der Bundeszentrale für politische Bildung, Bd. 285)

Globalisierung. Informationen zur politischen Bildung. Heft 280, Bonn 2003

Götz, Roland/Halbach, Uwe: Politisches Lexikon GUS. München 1993

Hacke, Christian: Weltmacht wider Willen. Die Außenpolitik der Bundesrepublik Deutschland. Frankfurt a. M. 1993

Handwörterbuch Internationale Politik. 6. Auflage, Opladen 1995

Hartmann, Jürgen: Internationale Beziehungen. Opladen 2001

Hobe, Stephan/Kimminich, Otto: Einführung in die Internationale Politik. 4. Auflage, München 2004

Hüfner, Klaus: Die Vereinten Nationen und ihre Sonderorganisationen. Strukturen, Aufgaben, Dokumente. Bonn 1991

Huntington, Samuel: Kampf der Kulturen. München 2002

Internationale Beziehungen. Lehrbuch. Opladen 1998

Kaiser, Karl/Maull, Hans (Hrsg.): Deutschlands neue Außenpolitik. Bd. 1: Grundlagen. München 1994; Bd. 2: Herausforderungen. München 1995

Kaiser, Karl/Schwarz, Hans-Peter (Hrsg.): Weltpolitik. Strukturen – Akteure – Perspektiven, 2. überarb. Aufl. Bonn 1998 (Schriftenreihe der Bundeszentrale für politische Bildung, Bd. 217)

Kaiser, Karl/Schwarz, Hans-Peter (Hrsg.): Weltpolitik im neuen Jahrhundert. Bonn 2000

Knapp, Manfred/Krell, Gerd: Einführung in die Internationale Politik. Oldenburg 2003

Krell, Gerd: Weltbildung und Weltordnung: Einführung in die Theorie der internationalen Beziehungen. 3. Auflage, Baden-Baden 2003

Lemke, Christiane: Internationale Beziehungen. Grundkonzepte, Theorien und Problemfelder. Oldenbourg 2000

Link, Werner: Der Ost-West-Konflikt. Die Organisation der internationalen Beziehungen im 20. Jahrhundert. 2. Auflage, Stuttgart 1988

Link, Werner: Die Neuordnung der Weltpolitik. München 1998

Mabe, Jacob (Hrsg.): Das kleine Afrika-Lexikon. Wuppertal 2002

Münkler, Herfried: Die neuen Kriege. Bonn 2002

Rittberger, Volker: Internationale Organisationen – Politik und Geschichte: Europäische und weltweite zwischenstaatliche Zusammenschlüsse. 2. Auflage, Opladen 2003

Schwarz, Hans-Peter: Die Zentralmacht Europas. Deutschlands Rückkehr auf die Weltbühne. Berlin 1994

Unser, Günther: Die UNO. Aufgaben und Strukturen der Vereinten Nationen. 6. Auflage, München 1997

Weidenfeld, Werner/Wessels, Wolfgang: Europa von A bis Z. Taschenbuch der europäischen Integration. 8. Auflage, Bonn 2002

Wolfrum, Rüdiger (Hrsg.): Handbuch Vereinte Nationen. 2. völlig neu bearb. Aufl., München 1991

Woyke, Wichard (Hrsg.): Handwörterbuch Internationale Politik. 8. Auflage, Opladen 2000

Abkürzungsverzeichnis

ai:	amnesty international
AKP-Staaten:	Staaten aus Afrika, der Karibik und dem Pazifik
ANZUS-Pakt:	Pakt zwischen Australien, Neuseeland und den USA
AU:	Afrikanische Union
BeNeLux:	Belgien, Niederlande, Luxemburg
BND:	Bundesnachrichtendienst
BIP:	Bruttoinlandsprodukt
CIA:	Central Intelligence Agency
COMECON:	Council for Mutual Economic Aid (s. RGW)
EFTA:	European Free Trade Association
EGKS:	Europäische Gemeinschaft für Kohle und Stahl
ERP:	European Recovery Program
EU:	Europäische Union
EURATOM:	Europäische Atomgemeinschaft
EVG:	Europäische Verteidigungsgemeinschaft
EWG:	Europäische Wirtschaftsgemeinschaft
EWR:	Europäischer Wirtschaftsraum
GATT:	General Agreement on Trade und Tariffs
GUS:	Gemeinschaft Unabhängiger Staaten
IKRK:	Internationales Komitee vom Roten Kreuz
IStGH:	Internationaler Strafgerichtshof
IWF:	Internationaler Währungsfond
KGB:	Komitee für Staatssicherheit (Sowjetischer Geheimdienst)
KP:	Kommunistische Partei
KPdSU:	Kommunistische Partei der Sowjetunion
KSZE:	Konferenz für Sicherheit und Zusammenarbeit in Europa
NAFTA:	North American Free Trade Association
NAKR:	Nordatlantischer Kooperationsrat
NATO:	North Atlantic Treaty Organisation
NGO:	Non Governmental Organisation
NRO:	Nichtregierungsorganisation

OAS:	Organisation Amerikanischer Staaten
OAU:	Organisation for African Unity
OECD:	Organisation für Wirtschaftliche Zusammenarbeit und Entwicklung (Organisation für Economic Cooperation and Development)
OPEC:	Organisation Erdöl exportierender Länder
OSZE:	Organisation für Sicherheit und Zusammenarbeit
PLO:	Palestinian Liberation Organisation
RGW:	Rat für Gegenseitige Wirtschaftshilfe
SALT	Strategic Arms Limitation Talks
SEATO:	South East Asia Treaty Organisation
SU:	Sowjetunion
UdSSR:	Union der Sozialistischen Sowjetrepubliken
UNO:	United Nations Organisation
VN:	Vereinte Nationen
VR:	Volksrepublik
WEU:	Westeuropäische Union
WTO:	Welthandelsorganisation (World Trade Organisation)

Stichwortverzeichnis

Bildnachweis

Umschlag:	Bundesbildstelle, Berlin
S. 4, 7	ullstein bild
S. 14	Bundesarchiv Koblenz Bild 18/K1129/318
S. 15	ullstein bild – dpa
S. 18	Bundesarchiv Koblenz Bild 183/31823/3
S. 19 l.	ullstein bild – AP
S. 19 r.	ullstein bild – BPA
S. 45	ullstein bild – PAI-Foto.pl
S. 49	AFP/Getty Images
S. 51 l.	ullstein bild – AP
S. 51 r.	IWPS
S. 61	KNA
S. 68	ullstein bild – dpa
S. 71, 79	BMVg, Detmar Modes
S. 91	Bundesbildstelle, Berlin
S. 93	Goethe-Institut
S. 98	Cynthia Johnson/Getty

Wir danken allen Rechtinhabern für die Abdruckerlaubnis.
Der Verlag war bemüht, die Urheber der abgedruckten Bilder ausfindig zu machen. Wo dies nicht gelungen ist, bitten wir diese, sich ggf. an den Verlag zu wenden.

(Bitte blättern Sie um)

Wirtschaft/Recht

Betriebswirtschaft .... Best.-Nr. 94851
Abitur-Wissen Volkswirtschaft .... Best.-Nr. 94881
Abitur-Wissen Rechtslehre .... Best.-Nr. 94882
Kompakt-Wissen Abitur Volkswirtschaft .... Best.-Nr. 948501

Erdkunde

Training Methoden Erdkunde .... Best.-Nr. 94901
Erdkunde Relief- und Hydrosphäre · Wirtschaftsprozesse und -strukturen · Verstädterung – Baden-W. .... Best.-Nr. 84901
Erdkunde Relief- und Hydrosphäre · Wirtschaftsprozesse und -strukturen · Verstädterung .... Best.-Nr. 84901A
Abitur-Wissen GUS-Staaten/Russland .... Best.-Nr. 94908
Abitur-Wissen Entwicklungsländer .... Best.-Nr. 94902
Abitur-Wissen USA .... Best.-Nr. 94903
Abitur-Wissen Europa .... Best.-Nr. 94905
Abitur-Wissen Asiatisch-pazifischer Raum .... Best.-Nr. 94906
Kompakt-Wissen Abitur Erdkunde Allgemeine Geografie · Regionale Geografie .... Best.-Nr. 949010
Lexikon Erdkunde .... Best.-Nr. 94904

Deutsch

Training Methoden Deutsch .... Best.-Nr. 944062
Dramen analysieren und interpretieren .... Best.-Nr. 944092
Erörtern und Sachtexte analysieren .... Best.-Nr. 944094
Gedichte analysieren und interpretieren .... Best.-Nr. 944091
Epische Texte analysieren und interpretieren .... Best.-Nr. 944093
Übertritt in die Oberstufe .... Best.-Nr. 90409
Abitur-Wissen Erörtern und Sachtexte analysieren .... Best.-Nr. 944064
Abitur-Wissen Textinterpretation .... Best.-Nr. 944061
Abitur-Wissen Deutsche Literaturgeschichte .... Best.-Nr. 94405
Abitur-Wissen Prüfungswissen Oberstufe .... Best.-Nr. 94400
Kompakt-Wissen Rechtschreibung .... Best.-Nr. 944065
Lexikon Autoren und Werke .... Best.-Nr. 944081

Englisch

Übersetzungsübung .... Best.-Nr. 82454
Grammatikübung .... Best.-Nr. 82452
Themenwortschatz .... Best.-Nr. 82451
Grundlagen der Textarbeit .... Best.-Nr. 94464
Sprachmittlung .... Best.-Nr. 94469
Textaufgaben Literarische Texte und Sachtexte Baden-Württemberg .... Best.-Nr. 84468
Textaufgaben Literarische Texte und Sachtexte .... Best.-Nr. 94468
Grundfertigkeiten des Schreibens .... Best.-Nr. 94466
Sprechfertigkeit mit CD .... Best.-Nr. 94467
Englisch – Übertritt in die Oberstufe .... Best.-Nr. 82453
Abitur-Wissen Landeskunde Großbritannien .... Best.-Nr. 94461
Abitur-Wissen Landeskunde USA .... Best.-Nr. 94463
Abitur-Wissen Literaturgeschichte .... Best.-Nr. 94465
Kompakt-Wissen Abitur Themenwortschatz .... Best.-Nr. 90462
Kompakt-Wissen Kurzgrammatik .... Best.-Nr. 90461

Pädagogik / Psychologie

Grundwissen Pädagogik .... Best.-Nr. 92480
Grundwissen Psychologie .... Best.-Nr. 92481

Latein

Abitur-Wissen Lateinische Literaturgeschichte .... Best.-Nr. 94602
Wiederholung Grammatik .... Best.-Nr. 94601
Wortkunde .... Best.-Nr. 94603
Kompakt-Wissen Kurzgrammatik .... Best.-Nr. 906011

Französisch

Landeskunde Frankreich .... Best.-Nr. 94501
Themenwortschatz .... Best.-Nr. 94503
Literatur .... Best.-Nr. 94502
Abitur-Wissen Literaturgeschichte .... Best.-Nr. 94506
Kompakt-Wissen Abitur Themenwortschatz .... Best.-Nr. 945010
Kompakt-Wissen Kurzgrammatik .... Best.-Nr. 945011

Religion

Katholische Religion 1 (gk) .... Best.-Nr. 84991
Katholische Religion 2 (gk) .... Best.-Nr. 84992
Abitur-Wissen gk ev. Religion Der Mensch zwischen Gott und Welt .... Best.-Nr. 94973
Abitur-Wissen gk ev. Religion Die Verantwortung des Christen in der Welt .... Best.-Nr. 94974
Abitur-Wissen Glaube und Naturwissenschaft .... Best.-Nr. 94977
Abitur-Wissen Jesus Christus .... Best.-Nr. 94978
Abitur-Wissen Die Frage nach dem Menschen .... Best.-Nr. 94990
Abitur-Wissen Die Bibel .... Best.-Nr. 94992
Abitur-Wissen Christliche Ethik .... Best.-Nr. 94993
Lexikon Ethik und Religion .... Best.-Nr. 94959

Ethik

Ethische Positionen in historischer Entwicklung (gk) .... Best.-Nr. 94951
Abitur-Wissen Philosophische Ethik .... Best.-Nr. 94952
Abitur-Wissen Glück und Sinnerfüllung .... Best.-Nr. 94953
Abitur-Wissen Freiheit und Determination .... Best.-Nr. 94954
Abitur-Wissen Recht und Gerechtigkeit .... Best.-Nr. 94955
Abitur-Wissen Religion und Weltanschauungen .... Best.-Nr. 94956
Abitur-Wissen Wissenschaft – Technik – Verantwortung .... Best.-Nr. 94957
Abitur-Wissen Politische Ethik .... Best.-Nr. 94958
Lexikon Ethik und Religion .... Best.-Nr. 94959

Sport

Bewegungslehre (LK) .... Best.-Nr. 94981
Trainingslehre (LK) .... Best.-Nr. 94982

Kunst

Abitur-Wissen Kunst 1 Grundwissen Malerei .... Best.-Nr. 94961
Abitur-Wissen Kunst 2 Analyse und Interpretation Best.-Nr. 94962

Fachübergreifend

Richtig Lernen Tipps und Lernstrategien – Oberstufe .... Best.-Nr. 10483
Referate und Facharbeiten – Oberstufe .... Best.-Nr. 10484
Training Methoden Meinungen äußern, Ergebnisse präsentieren .... Best.-Nr. 10486